Daily Meditations on the Psalms
By Msgr. C. Anthony Ziccardi
ⓒ 2014 Catholic Book Publishing Corp.,N.J.

믿음이 깊어지는 매일 시편 묵상

2018년 1월 9일 교회 인가
2018년 2월 22일 초판 1쇄 펴냄
2025년 7월 31일 초판 8쇄 펴냄

지은이 · 앤서니 치카르디 몬시뇰
옮긴이 · 강대인
펴낸이 · 정순택
펴낸곳 · 가톨릭출판사
편집 겸 인쇄인 · 김대영
편집 · 강서윤, 김지영, 김지현, 박다솜
디자인 · 강해인, 이경숙, 정호진
마케팅 · 임찬양, 안효진, 황희진, 노가영

본사 · 서울특별시 중구 중림로 27
등록 · 1958. 1. 16. 제2-314호
전자우편 · edit@catholicbook.kr
전화 · 1544-1886(대표 번호)
지로번호 · 3000997

ISBN 978-89-321-1507-8 02230

값 16,000원

성경 ⓒ 한국천주교중앙협의회

이 책의 한국어 출판권은 (재)천주교서울대교구 가톨릭출판사에 있습니다.
저작권법에 의해 보호를 받는 저작물이므로 무단 전재와 무단 복제를 금합니다.

가톨릭의 모든 도서와 성물, 디지털 콘텐츠를 '가톨릭북플러스'에서 만날 수 있습니다.
https://www.catholicbookplus.kr | (02)6365-1888(구입 문의)

믿음이 깊어지는

매일 시편 묵상

앤서니 치카르디 몬시뇰 지음 | 강대인 옮김

가톨릭출판사

일러두기

1. 이 책에 들어 있는 시편은 묵상과 기도를 하기에 좋도록 '전례 시편'(2008년 한국 천주교 주교회의 승인)을 사용했습니다.
2. 이 책은 가능한 한 교회 전례력(전례 시기, 대축일, 축일)에 따라 묵상할 수 있도록 맞춰져 있습니다. 특히 책의 말미에는 '파스카 성삼일'에 묵상할 수 있도록 시편과 묵상 글과 기도를 별도로 수록했습니다.
3. 이 책은 매일 시편을 읽고 묵상과 기도를 할 수 있도록 구성되었습니다. 먼저 십자 성호를 긋고 10쪽에 있는 '하느님의 살아 있는 말씀께 드리는 기도'를 바친 다음, 그 날의 시편 구절과 묵상 글을 읽은 후, 기도를 바치면 좋습니다.
4. 가능하다면 시간을 넉넉히 가지고 묵상과 기도를 하는 것을 추천합니다. 그러나 따로 시간을 내기 어렵다면, 언제 어디서든 하루에 단 5분이라도 이 책을 읽으며 묵상과 기도를 해도 좋습니다.

차례

머리말	7
하느님의 살아 있는 말씀께 드리는 기도	10
1월	13
2월	45
3월	75
4월	107
5월	139
6월	171
7월	203
8월	235
9월	267
10월	299
11월	331
12월	363
파스카 성삼일	395

머리말

예수님께서 그들에게 이르셨다. "내가 전에 너희와 함께 있을 때에 말한 것처럼, 나에 관하여 모세의 율법과 예언서와 시편에 기록된 모든 것이 다 이루어져야 한다."

루카 24,44

  우리는 구약 성경 가운데에서 시편에 큰 매력을 느낍니다. 또한 매우 익숙하지요. 그것은 시편이 전례에서 널리 쓰이기 때문입니다. 예수님은 시편이 궁극적으로 당신에 대한 노래라고 가르치셨으며, 우리도 그렇게 배웠습니다. 또한 성경의 다른 책들처럼, 우리가 시편을 노래하며 기도할 때, 그 시편은 하느님이 우리에게 하시는 말씀인 동시에 우리가 하느님께 드리는 말씀이자 우리의 응답이기도 합니다.

  하느님은 시편을 통해 당신께 말씀을 드리며 우리 자신을 드러낼 수 있는 풍요로운 길을 보여 주셨습니다. 전통적인 기도인 시편은 특히 우리가 큰 고난과 역경에 부딪혔을 때 매우 도움이 됩니다. 시편은 개인과 공동체의 기도, 신심과 전례의 기도를 모두 담고 있습니다. 여기에는 감사와 신뢰의 기도, 도우심을 간청하는 탄원

머리말

과 찬양의 노래가 포함됩니다. 또한 과거를 이야기하고 미래를 내다보며, 온갖 고통과 기쁨, 좌절과 도약을 체험하는 바로 지금 이 순간으로 우리를 불러냅니다.

시편은 인간의 숨결로 우리 마음을 이야기하며, 가르침과 깨달음과 지혜로 우리 정신을 맑게 해 줍니다. 또한 믿음과 희망과 사랑 그리고 덕행을 칭송하며 우리 의지를 굳세게 다져 줍니다.

시편의 진가를 알아보는 방법은 역사적 · 문학적 · 신학적으로 매우 많습니다. 이 모두가 유익하며, 서로 배타적이지도 않습니다. 시편은 이러한 여러 가지 방법에서 나오는 요소로 이해할 수 있습니다. 그러나 이 묵상집에서는 신앙적인 관점으로 시편에 다가갑니다. 곧, 시편을 매일매일 노래하고 마음에 새기면서, 이 책에 나오는 시편 구절들이 오늘을 살아가는 그리스도인에게 무엇을 말해 주는지 깨닫는 것입니다.

이 책에서 제시하는 묵상은 신학적인 지식에 바탕을 두고 있습니다. 그러나 그저 신학을 풀이하거나 일방적으로 가르치려는 것이 아닙니다. 이 책은 우리의 묵상 기도와 그 응답의 폭을 넓힐 수 있도록 이끌어 줍니다.

머리말

이 묵상은 시편 구절이 그리스도 안에서 또는 교회 안에서 성취됨을 언급하면서, 우리에게 그리스도인으로서 살아가는 길을 제시해 줍니다. 그리고 더 깊은 믿음으로 더 깊은 기도를 할 수 있도록 이끌어 줍니다.

이 묵상은 짤막하지만, 한 입에 털어 넣는 알약이 아니라, 입안에 굴리며 단맛을 오래도록 즐겨야 하는 사탕입니다. 날마다 딱 5분이라도 틈을 내어 기도하고 묵상하며 그 맛을 즐기기를 바랍니다.

앤서니 치카르디 몬시뇰

하느님의 살아 있는 말씀께 드리는 기도

온 누리의 임금이신 주 하느님,
찬미받으소서.
성경 안에서 주님의 살아 있는 말씀을
저희에게 주셨으니,
저희가 온갖 좋은 일을 할 수 있는
충만한 역량을 갖추게 하소서.
주님의 말씀은 살아 있고 힘이 있으며,
어떤 칼보다도 날카로워
저희 마음속 생각을 가려내시며
영원히 머물러 계시나이다.

믿음의 빛으로
주님의 말씀을 묵상하여
언제 어디서나 주님을 알아뵙게 하소서.
주님 안에서 존재하고 움직이고 살아가며
모든 일에서 주님의 뜻을 찾고
모든 사람 안에서 그리스도를 뵙게 하시며,
현세의 가치를 올바로 판단하고
영원한 삶을 위하여
저희의 삶이 지닌 진정한 의미를 깨닫게 하소서.
아멘.

1월 1일 — 천주의 성모 마리아 대축일

> 하느님은 자비를 베푸시고,
> 저희에게 복을 내리소서.
> 당신 얼굴을 저희에게 비추소서.
> 당신의 길을 세상이 알고,
> 당신의 구원을 만민이 알게 하소서.
>
> 시편 67,2-3

새해를 시작하면서, 우리는 하느님께 자비를 베풀어 달라고 간청합니다. 하느님이 복을 내려 주시지 않으면 우리가 어떤 노력을 해도 다 헛일이 됩니다.

그러나 우리는 우리 자신의 이익만을 위하여 하느님의 강복을 청해서는 안 됩니다. 하느님이 당신 백성을 어떻게 돌보시는지를 아는 사람들은 하느님과 그분의 길이 무엇인지를 깨달으며 그분의 강복을 청합니다.

주 하느님, 저희에게 미소를 지어 주소서. 그러면 저희가 주님 얼굴의 빛을 다른 이들에게 되비추겠나이다.

1월 2일

> 저는 당신 천막 안에 길이 머물고
> 당신 날개 그늘에 피신하오리다.
>
> 시편 61.5

천막은 그 안에 있는 사람들을 보호합니다.

우리가 예수님 안에 머물고, 예수님이 머리이신 교회의 지체로 머물면, 우리는 영원히 하느님의 천막 안에서 살 수 있습니다. 그분의 천막은 우리의 영원한 구원을 해치는 온갖 위험에서 우리를 보호하는 피신처입니다.

주 예수님, 주님의 날개 밑에 하느님의 자녀들을 모아들이셨나이다. 주님과 함께 머물라는 그 부르심에 진심으로 응답하게 하소서.

1월 3일
지극히 거룩하신 예수 성명

> 거룩하신 그 이름 자랑하여라.
> 주님을 찾는 마음은 기뻐하여라.
>
> 시편 105.3

시편에서는 우리에게 기뻐하라고 합니다. 하느님은 아드님의 강생을 통하여 당신을 모르던 우리를 찾아오셨습니다.

더 나아가, 이 시편에서는 하느님의 거룩하신 이름을 자랑하라고 합니다. 그 이름은 바로 '주님께서 구원하신다'는 뜻을 지닌 '예수'입니다. 예수님은 우리를 죄에서 구원하시고, 마침내 죽음에서 구원해 주십니다.

주 하느님, 예수님을 이 세상에 보내 주심에 저희는 기뻐하나이다. 저희가 다른 사람들에게 예수님을 담대하게 전하며, 이 세상에서 주님께 영광을 드리게 하소서.

1월 4일

"내 얼굴을 찾아라." 하신 주님,
당신을 생각하나이다.
제가 당신 얼굴을 찾고 있나이다.

시편 27,8

보이지 않는 하느님이 예수님을 통해 당신 얼굴을 보여 주셨습니다. 이제 우리 눈으로는 볼 수 없지만, 우리 마음은 성경과 교회의 가르침에서, 특별히 성인들의 삶에서, 예수님의 얼굴을 어렴풋이 볼 수 있습니다.

오늘날에도 우리는 우리가 사는 곳에서 거룩한 사람들과 함께 지내며, 우리의 형제자매들 가운데 가장 작은 이들에게서도 예수님을 알아보는 법을 배울 수 있습니다.

주님, 교회를 통하여 그리고 우리 가운데 사는 가장 가난한 이들을 통하여, 주님을 더 잘 알 수 있도록 저를 이끌어 주소서.

1월 5일

> 주님은 참으로 좋으시고
> 그분 자애는 영원하시며,
> 그분 진실은 대대에 이르신다.
>
> 시편 100,5

나타나엘이 필립보에게 말했습니다. "나자렛에서 무슨 좋은 것이 나올 수 있겠소?"(요한 1,46) 그런데 실제로 '좋은 것'이 나왔습니다. 바로 주님이 나오셨지요. 주님은 참으로 좋으신 분입니다!

주님은 언제 어느 때나 우리를 보살펴 주시기에, 주님의 좋으심을 미처 느끼지 못할 수도 있습니다. 그러나 주님은 언제나 좋으신 분이지요. 주님의 자애를 한 번 체험하고 나면, 우리는 우리를 향한 주님의 사랑에 맞갖지 않은 모든 것을 없애고자 스스로 노력하게 될 것입니다.

주님, 제가 어떠한 상황 속에서도 좋으신 주님을 믿게 하소서.

1월 6일

모든 임금들이 그에게 경배하고
모든 민족들이 그를 섬기게 하소서.

시편 72,11

하느님이 구세주의 탄생을 동방 박사들에게 알려 주시자, 그들은 임금님께 바치는 고귀한 예물을 들고 와, 임금이신 예수님께 경배를 드렸습니다.

이 사건은 예수님이 모든 임금들의 임금으로 받아들여질 때, 그리고 지상의 통치자들이 새 예루살렘으로 그들의 보화를 가져올 때 이루어질 위 시편의 성취를 미리 보여 주지요. 그때에 우리가 그곳에 있다면, 예수님은 통치자들이 가져온 보화를 우리에게 나누어 주실 것입니다.

전능하신 하느님, 예수님 안에서 하느님의 사랑을 분명하게 드러내시어, 세상의 모든 통치자들이 정의와 평화를 추구하며 하느님을 섬기게 하소서.

1월 7일

내가 민족들을 너의 재산으로,
땅끝까지 너의 소유로 주리라.

시편 2,8

하느님은 메시아를 이스라엘만이 아니라 모든 민족들의 임금으로 세우겠다고 약속하셨습니다. 임금이신 예수님을 믿는 사람은 누구나 그분의 상속 재산을 받을 수 있습니다.

예수님의 제자들인 우리도 예수님을 통하여 하느님 나라에서 성인들과 함께 그 유산을 받을 것입니다. 그러나 우리가 오직 그분께 속해 있을 때에만 받을 수 있습니다. 따라서 우리는 우리가 예수님께 속해 있는지를 잘 살펴보아야 합니다.

주 예수님, 저는 많은 사람들에게 속해 있나이다. 그러니 그 누구보다도 먼저 주님께 속할 수 있도록 저를 이끌어 주소서.

1월 8일

거룩한 성전, 당신 집의 행복을
저희도 누리리이다.

시편 65,5

  예수님은 다가오는 시대에는 굶주린 이들이 배불리 먹으리라고 약속하시며(루카 6,21 참조), 당신의 직무를 수행하는 동안 배고픈 사람들을 배불리 먹이셨습니다.
  '빵집'이라는 의미를 지닌 베들레헴의 마구간에서 태어나시어 짐승의 여물통인 구유에 누워 계셨던 분에게는 알맞은 일이지요. 이처럼 예수님은 모든 시대의 당신 백성들에게 생명의 빵을 주십니다.

하늘에 계신 아버지, 아드님의 몸과 피로 저를 배불리 먹이시어 아버지 집의 행복을 누리게 해 주심에 감사드리나이다.

1월 9일

주 하느님, 당신은 참으로 위대하시옵니다.
존엄과 영화를 입으시고,
물 위에 당신 거처를 세우시는 분.

시편 104,1.3

예수님은 물 위를 걸으시는 기적을 일으키실 때, 제자들에게 당신이심을 확인시켜 주셨습니다. 그러고는 두려워하지 말라고 하시며 그들에게 힘을 북돋아 주셨지요(마태 14,22-27; 마르 6,45-50 참조).

예수님은 연약함과 온유함으로 우리에게 다가오십니다. 다른 사람들을 힘으로 짓누르는 것은 예수님이 하시는 방법이 아닙니다.

주 하느님, 주님의 권능은 연약함에서 충만한 힘을 지닌다는 것을 온전히 믿으며, 겸손하고 온유한 사람이 되도록 저를 도와주소서.

1월 10일

주님의 규정 올바르니 마음을 기쁘게 하고,
주님의 계명 밝으니 눈을 맑게 하네.

시편 19,9

하느님의 계명은 우리가 물건을 살 때 들어 있는 사용 설명서와 같습니다. 설명서의 지시 사항들이 그 물건을 제대로 사용하도록 도와주듯이, 하느님의 계명 또한 우리가 자신의 역량을 잘 발휘하도록 도와주지요.

하느님의 계명은 억압적이지 않습니다. 오히려 자유를 주지요. 그리고 예수님은 당신이 바로 모세를 통하여 받은 하느님의 율법을 완성하러 왔다고 밝히셨습니다(마태 5,17-18 참조).

주 예수님, 제 편에 서시어, 주님 계명의 멍에는 편하고 주님의 짐은 가볍다는 것을 깨닫게 하소서.

1월 11일

> 곤경 속에서 주님께 부르짖자
> 당신의 말씀 보내시어 낫게 하셨네.
>
> 시편 107,19.20

하느님의 아드님이자 말씀이 사람이 되신 예수님은 사람들을 말씀으로 치유하셨습니다. 그분은 지금도 병자성사와 고해성사를 통해 치유의 말씀을 하고 계시지요.

혹시 치유되기 위해 온갖 방법을 찾다가, 마지막에 가서야 괴로움 속에서 하느님께 구원을 부르짖고 있지는 않습니까? 모든 치유는 하느님이 베푸시는 것이므로, 우리는 치유 전문가의 도움을 받는 한편, 무엇보다 하느님의 도우심을 간절히 청해야 합니다.

주 예수님, 여러 성사를 마련해 주신 주님을 찬양하나이다. 깊은 믿음과 감사로 성사에 임하도록 저를 이끌어 주소서.

1월 12일

춤추며 그분 이름을 찬양하고,
손북 치고 비파 타며 찬미 노래 드려라.
주님은 당신 백성을 좋아하시고,
가난한 이들을 구원하여 높이신다.

시편 149,3-4

요한 세례자는 예수님을 보고 기뻐하며, 그분을 자기 신부를 보고 기쁨의 환성을 올리는 신랑에 비깁니다(요한 3,29 참조). 예수님의 제자 공동체인 교회가 바로 그리스도의 신부입니다.

예수님은 당신 백성 안에서 기뻐하시며, 우리가 그분에게서 멀어질 때마다 우리를 당신 곁으로 다시 데려오십니다. 이런 예수님의 사랑은 우리를 언제나 기쁘게 하지요.

주 하느님, 예수님 안에서 드러난 주님의 사랑으로 제 영혼이 기쁨에 가득 차고 주님에 대한 찬양이 제 입술에 넘치게 하소서.

1월 13일

주님의 소리가 물 위에 머물고
영광의 하느님께서 천둥 치시네.
주님의 소리는 힘차네.

시편 29,3.4

천둥은 주님의 권능을 가리킵니다. 이러한 주님의 권능은 시나이산에서 당신의 백성에게 십계명을 새겨 줄 때에도 드러났지요.

하느님이 예수님을 당신의 아드님으로 계시하실 때에는 한층 더 부드러운 목소리가 요르단강 위에 내려왔습니다. 우리가 세례를 받았던 그 물에도 주님의 목소리가 내려왔습니다. 그리고 우리는 그 물로 하느님의 자녀가 되었습니다.

전능하신 주 하느님, 저를 주님의 자녀로 받아들이시어 주님이 저를 극진히 사랑하신다는 것을 깨닫게 하소서.

1월 14일

> 그러나 내 백성은 내 말을 듣지 않고,
> 이스라엘은 나를 따르지 않았다.
> 고집 센 그들의 마음을 내버려 두었더니,
> 그들은 제멋대로 제 길을 걸어갔다.
>
> 시편 81.12-13

주님의 말씀을 집중해서 듣는 것은 순종의 근본입니다. 이러한 순종은 우리에게 겸손과 신뢰를 요구하기에 실천하기 어렵다고 느껴질 때도 있지요.

우리의 요구를 주님께 늘어놓을 때에는 그분이 빨리 응답하시기를 바라면서도, 주님이 우리에게 요구하시는 것에는 기꺼이 응답할 마음이 없는 것은 참으로 이상한 일입니다. 우리는 주님의 계명을 잊고 살 때가 많습니다. 그러다가 언젠가는 그 대가를 호되게 치를 수도 있습니다.

복되신 성모 마리아님, 성모님의 모범과 전구로, 저희가 하느님께 순종하도록 저희를 이끌어 주소서.

1월 15일

> 흰 눈을 양털처럼 내리시고,
> 서리를 재처럼 뿌리신다.
> 우박을 빵 부스러기처럼 내던지시니,
> 그 추위에 누가 견딜 수 있으랴?
>
> 시편 147,16-17

 극심한 추위와 차디찬 눈도 하느님에게서 나왔고, 하느님의 목적을 이루는 데 이바지합니다. 또한 이러한 추위는 영적으로 우리가 차디차게 식어 버릴 수 있음을 보여 줍니다. 하느님에 대한 우리의 헌신이 식듯이, 다른 사람들에 대한 우리의 사랑도 식을 수 있습니다.
 하지만 이런 추위를 피해 집 안으로 들어갔을 때, 따뜻한 기운을 느끼듯이, 우리도 하느님과 다른 사람들과의 관계 안에서 사랑이 만들어 내는 따뜻함을 느낄 수 있습니다.

전능하신 하느님, 추위와 눈으로 어려움을 겪는 이들에게 저희가 하느님의 따뜻한 사랑을 전할 수 있게 하소서.

1월 16일

주님의 결정을 나는 선포하리라.
주님이 나에게 말씀하셨다.
"너는 내 아들, 내가 오늘 너를 낳았노라."

시편 2,7

하느님이 이스라엘을 다스리도록 도유하신 임금들에게 하신 이 말씀은 예수님을 통해 성취되었습니다.

예수님이 세례를 받으실 때, 하느님은 예수님을 성령으로 도유하시며, 예수님이 바로 당신의 아드님이심을 밝히셨지요. 그 뒤 예수님이 승천하실 때, 하느님은 그분을 당신의 천상 어좌로 들어 높이셨습니다.

하느님 아버지, 제가 날마다 아버지의 자녀로 충실하게 살다가 예수님과 함께 영원히 다스리게 하소서.

1월 17일　　　　　　　　　　　　　성 안토니오 아빠스 기념일

> 저를 타이르시는 주님 찬미하오니
> 한밤에도 제 양심이 저를 깨우나이다.
>
> 시편 16,7

　주님이 전 역사에 걸쳐 성인들을 타이르셨듯이, 당신 말씀으로 우리도 타이르고 계십니다. 사막의 교부 안토니오 성인은 완전한 사람이 되려거든 재산을 팔아 가난한 사람들에게 준 후 당신을 따르라고(마태 19,21 참조) 타이르시는 예수님의 말씀대로 실천했지요.
　성경에 나오는 주님의 말씀을 마음에 깊이 간직하며 살아간다면, 그 말씀은 필요할 때 우리에게 지혜를 주고 우리의 길잡이가 될 것입니다.

주 하느님, 저에게 침묵하지 않고 말씀해 주시니, 주님을 찬양하나이다. 제가 침묵함으로써 주님의 목소리를 잘 들을 수 있도록 저를 이끌어 주소서.

1월 18일

> 주님, 당신이 계시는 집,
> 당신 영광이 깃드는 곳 사랑하나이다.
>
> 시편 26,8

이스라엘이 이집트를 탈출할 때 하느님은 당신의 영광을 보여 주셨습니다. 그분은 광야의 여정에서도 당신의 영광을 드러내며 이스라엘과 함께하셨지요.

하느님은 당신의 아드님 예수님을 통해 모든 사람에게 당신의 영광을 드러내셨습니다. 그리고 예수님과 우리의 결합을 통하여, 하느님의 영광이 우리 안에 머물고 있습니다. 따라서 우리가 그리스도의 영광으로 빛나고 있다면, 다른 사람들이 우리를 보고 하느님을 믿게 될 것입니다.

주님, 주님의 몸인 교회 안에서 주님의 영광을 보고 있사오니, 주님의 영광이 저에게서도, 제 말과 행동에서도 빛나게 하소서.

1월 19일

주님을 찬미하오니 좋기도 하옵니다.
지극히 높으신 분이시여, 당신 이름 찬송하나이다.
아침에는 당신 자애를,
밤에는 당신 진실을 알리나이다.

시편 92,2-3

하루를 시작하면서 그날 해야 할 일을 생각하면 마음이 무거울 때가 있습니다. 또 하루 일이 끝나면 몸과 마음이 몹시 지쳐 버릴 때도 있지요.

특별히 힘든 날에는 하느님께 감사드릴 일을 떠올리기 어려울 수도 있습니다. 그러나 우리의 노고와 감정에 상관없이, 그분께 아침저녁으로 감사드리는 것은 좋은 일입니다. 하느님은 언제나 우리에게 생명을 주시고 좋은 기회를 마련하시며 많은 복을 내리시기 때문입니다.

전능하신 하느님, 날마다 하느님께 감사드릴 수 있는 마음을 저에게 주소서.

1월 20일

> 주님을 믿으며 좋은 일 하고
> 이 땅에 살며 신의를 지켜라.
>
> 시편 37,3

우리는 모두 평안하기를 갈망합니다. 그러나 성경에 나오는 영웅들의 이야기를 보면, 이 시대에서 완전한 평안을 얻기란 불가능하다는 것을 깨닫게 됩니다.

돈, 영향력, 연줄과 같은 안정을 위한 그 어떠한 수단도 하느님보다 확실하지 않고, 하느님보다 더 신뢰할 수 없습니다. 하느님이 주시는 평안을 누리려면, 그분의 계명을 지키고 올바른 일을 하며 그분을 신뢰해야 합니다.

하느님, 저희에게 예수님을 보내 주셨음에 감사드리나이다. 예수님이 다른 것들이 믿음직해 보이더라도 오직 하느님만을 신뢰하라고 저희에게 가르치고 계심을 깨닫게 하소서.

1월 21일 　　　　　　　　　성녀 아녜스 동정 순교자 기념일

> 주님이 내 손의 결백함대로 갚아 주셨으니
> 내가 주님의 길 굳게 지키고
> 내 하느님 배반하지 않은 까닭이네.
>
> 시편 18,21-22

아담과 하와는 선만이 아니라 악까지 알고자 했기에 죄를 지을 수밖에 없었습니다. 악한 일을 하면 우리는 성장하거나 발전하지 못합니다. 악행은 우리를 더럽히고 일그러뜨릴 뿐이지요.

예수님이 결백하셨듯이 우리도 솔직하고 결백하게 살아가야 합니다. 그리고 우리가 하느님의 자녀임을 깨닫고 하느님의 계명을 지키며 살아가야 합니다.

주님, 주님의 계명을 주심에 감사드리나이다. 제가 결코 주님에게서 멀어지지 않고, 언제나 주님의 길을 걷도록 저를 이끌어 주소서.

1월 22일

> 보라, 아들들은 주님의 선물
> 자녀들은 그분의 상급이라네.
>
> 시편 127,3

 부모의 결합을 통해 잉태하게 되는 자녀는 하느님이 주신 선물입니다! 따라서 자녀의 임신과 출산은 축복을 받아야 하며, 결코 방해를 받아서는 안 됩니다.
 자녀는 하느님의 선물이기에, 태어나고 자라나며 성장해 가는 모든 단계에서 언제나 환영받아야 합니다. 따라서 예수님이 친히 가르쳐 주신 대로, 우리는 자녀를 받아들이고 돌보아야 합니다.

하느님, 남녀의 결합을 통해 생긴 태아들은 모두 소중한 생명이며 하느님 나라에 속한 존재이오니, 모든 부모들이 자녀를 기쁜 마음으로 받아들이게 하소서.

1월 23일

주님은 가련한 이 올바른 길 걷게 하시고
가난한 이 당신 길 알게 하신다.

시편 25,9

이 세상의 삶에는 일반적인 여정처럼 시작과 끝이 있습니다. 목적지는 하나여도 가는 길에는 여러 가지가 있지요. 인생도 마찬가지입니다.

그런데 예수님은 길을 잃은 사람들을 찾으러 오셨다고 했고, 또 마음이 가난한 사람은 행복하다는 놀라운 말씀을 하셨습니다. 오직 겸손하고 열린 마음을 지닌 사람들만이 주님의 은총으로 목적지에 이를 수 있을 것입니다.

주 예수님, 주님은 저희 한 사람 한 사람을 위하여 길을 마련해 놓으셨으니, 저희가 올바른 길을 걸으며 주님을 따르게 하소서.

성 프란치스코 살레시오 주교 학자 기념일 1월 24일

> 저는 당신 진리와 구원을 이야기하며
> 자애와 진실을 큰 모임에서 숨기지 않나이다.
>
> 시편 40,11

우물가에서 예수님을 만난 사마리아 여인은 예수님과 이야기를 나눈 후, 이웃 사람들에게 예수님에 관한 이야기를 전했습니다. 그리고 사람들은 예수님을 만나러 달려갔지요(요한 4,3-42 참조).

예수님은 하느님과 당신 자신에 대한 이야기를 아무도 모르기를 바라시지 않습니다. 그분은 사도들을 파견하시며 모든 사람을 당신 제자로 삼으라고 하셨지요(마태 28,19 참조). 우리도 예수님께 파견받은 사람으로서, 우리의 말과 행동으로 하느님을 선포해야 합니다.

주님, 저희를 파견하시어, 저희가 모든 곳에 복음의 씨앗을 뿌리고, 그 씨앗이 주님께 깊이 뿌리를 내리게 하소서.

주님을 찬양하여라, 모든 민족들아.
주님을 찬미하여라, 모든 겨레들아.

시편 117,1

예수님은 사도들을 통하여, 특히 바오로 사도를 통하여 하느님의 백성인 이스라엘에 속하지 않았던 민족들과 겨레들을 하느님의 백성으로 만드셨습니다.

사도들의 후계자인 주교들은 교회를 이끕니다. 예수님의 우리인 교회에 들어온 모든 사람은 다른 이들도 함께할 수 있도록 그들을 초대해야 합니다.

하느님, 예수님을 모르거나 믿지 않는 사람들을 교회로 인도하도록 저를 도우시어, 언제 어디서나 모든 사람이 하느님을 찬양하게 하소서.

1월 26일

"너의 하느님 어디 있느냐?"
적들이 온종일 빈정거리나이다.
내 영혼아, 어찌하여 시름에 잠겨 있느냐?
하느님께 바라라.

시편 42,11.12

사람들은 우리의 곤경을 보고, 그것이 하느님이 계시지 않거나 우리를 사랑하지 않으신다는 증거라고 빈정댑니다.

그러나 예수님은 그러한 의혹에 직접 답변해 주십니다. 예수님이 겪으신 온갖 고통은 하느님이 예수님을 버리셨다는 증거가 아닙니다. 예수님은 부활하시어 하느님이 당신을 버리지 않으셨음을 몸소 증명하셨습니다.

하느님 아버지, 저에게 성령을 보내 주시어 제가 힘차고 슬기롭게 하느님에 대해 증언하며 하느님을 사랑하게 하소서.

1월 27일

많은 이가 말하나이다.
"누가 우리에게 좋은 일을 보여 주랴?"
주님, 저희 위에 당신 얼굴 밝은 빛을 비추소서.

시편 4.7

우리는 나쁜 일이 생기면, 좋은 일을 떠올리며 좋은 일이 일어나기를 바랍니다. 하느님은 우리에게 좋은 일을 베푸시는 분입니다.

시절이 좋지 않고 곤궁할 때면, 우리는 하느님께 도와달라고 기도하며 부르짖습니다. 그럴 때 하느님은 우리에게 당신 얼굴의 빛을 비추시고 복을 내려 주시며, 좋은 일을 보여 주실 것입니다.

주님, 주님은 제 삶의 모든 행복의 근원이시오니, 주님께 진심으로 감사드리나이다.

1월 28일

주님과 그 권능을 구하여라.
언제나 그 얼굴을 찾아라.

시편 105.4

우리는 언제나 생각을 합니다. 때로는 우리 마음이 정처 없이 떠돌기도 하고, 때로는 어떤 문제에 집중하기도 하지요. 그러나 우리가 생각하는 문제들은 늘 우리의 걱정만 키울 뿐입니다.

가장 중요하신 그분을 떠올리고 자주 묵상하는 사람은 다른 모든 일도 제대로 보게 될 것입니다. 또한 그분의 힘으로 온갖 근심 걱정이 사라질 것입니다.

주님, 제 마음이 더욱더 주님을 향하게 하시고, 얼굴을 마주 대하고 주님을 뵙는 그날까지 주님만을 생각하게 하소서.

1월 29일

> 그는 시냇가에 심은 나무 같아
> 제때에 열매 맺고
> 잎이 아니 시든다.
>
> 시편 1,3

모든 생물에게는 자양분이 필요합니다. 우리에게 필요한 자양분에는 물과 양식이 있지만, 그 무엇보다도 하느님이 필요합니다. 우리는 하느님과 관계를 맺어야 살아갈 수 있지요.

하느님은 성경에 있는 당신 말씀으로, 또 우리에게 성령을 주시는 성사로 우리를 먹여 살리십니다. 성령은 우리에게 생명을 주시는 물이지요. 이러한 자양분을 기꺼이 또 열심히 얻고 있습니까?

전능하신 하느님, 제가 그리스도 안에 또 교회 생활 안에 깊이 뿌리를 내리고 무성하게 자라나 언제까지나 남아 있을 열매를 맺게 하소서.

1월 30일

> 저는 당신의 넘치는 자애에 힘입어
> 당신 집으로 들어가 경외하는 마음으로
> 당신의 거룩한 성전에 경배하나이다.
>
> 시편 5,8

많은 장소에, 심지어는 웹사이트에도 '회원 전용'이라는 문구가 붙어 있습니다. 사람에 따라 그 접근이 제한되는 것이지요. 그러나 하느님은 당신과 당신의 집에 누구나 제한 없이 오기를 바라십니다.

당신의 자애로 우리를 부르시는 하느님은 특별히 고해성사를 통하여 우리를 다시 당신의 우정 안으로 받아들이십니다. 그리고 미사 때마다 우리가 지은 죄를 기억하고 자비를 간청하는 참회 예식을 통하여 우리가 당신께 나아갈 수 있게 해 주십니다.

주님, 제가 주님의 현존 안에 머물며 주님을 찬양할 수 있게 해 주심에 감사드리나이다.

> 젊은 날부터 사람들은 나를 몹시도 괴롭혔네.
> 그러나 나를 이겨 내지는 못하였네.
>
> 시편 129,2

젊은이들은 많은 고난을 겪고 있습니다. 그들은 좋은 것을 한가득 지니고 있음에도, 삶에서 억압을 받기도 하고, 어른들의 무관심이나 방치로 인해 고통을 겪기도 합니다.

젊은이들의 거친 행동이나 자유분방한 차림은 고통을 숨기기 위한 위장일 수 있습니다. 따라서 우리는 이러한 그들의 마음을 헤아리며, 그들을 해칠 수 있는 것들로부터 보호하고 지지해 주어야 합니다.

하느님, 제 젊음의 폭풍우를 헤치고 나온 지금, 젊은이들의 마음을 헤아리고 그들을 도울 수 있는 힘과 용기를 주소서.

2월 1일

> 주님, 어찌하여 멀리 서 계시나이까?
> 어찌하여 환난 때에 숨어 계시나이까?
>
> 시편 10.1

잔뜩 흐린 날에는 태양이 구름에 가려 보이지 않습니다. 그러나 태양은 언제나 하늘에 떠 있고, 온 우주를 따뜻한 햇살로 비추지요.

우리는 어려움을 겪을 때면 도대체 하느님이 정말로 계시는지 의심하기도 합니다. 그러나 구름에 가려진 태양처럼, 하느님은 그저 우리 눈에 잠깐 보이지 않으실 뿐입니다.

사랑하는 주 하느님, 저는 큰 절망에 빠질 때면 주님이 저를 잊어버리셨다고 생각할 때가 있나이다. 그러나 주님께서 늘 제 곁에 계심을 믿고, 그 믿음이 흔들리지 않도록 이끌어 주소서.

주님 봉헌 축일   2월 2일

> 성문들아, 머리를 들어라.
> 영원한 문들아, 일어서라.
> 영광의 임금님 들어가신다.
>
> 시편 24,7

계약 궤가 성막에 들어왔을 때, 성막은 하느님의 영광으로 가득 찼습니다(탈출 40,17-35 참조). 성모님과 요셉 성인이 아기 예수님과 함께 성전에 들어왔을 때, 시메온이 주님의 영광을 알아보고 이를 선포했습니다(루카 2,22-32 참조).

영광의 주님이신 예수님은 사람들에게 배척받고 십자가에 못 박히셨습니다. 주님의 영광은 누구나 보고 인정할 정도로 휘황찬란하게 빛나지 않습니다. 그 영광은 오직 주님을 알아보고 받아들이는 이에게만 빛나지요.

주 예수님, 제 마음의 문을 활짝 여시어, 주님의 영광이 제 안에 머물고, 그 영광에서 나온 빛으로 다른 사람들을 비추게 하소서.

2월 3일

> 당신은 영광스러우신 분
> 영원한 산들*보다 엄위하신 분!
>
> 시편 76,5 참조 (*칠십인역)

봉우리가 만년설에 덮여 있는 산들을 생각해 보십시오. 그보다 더 엄위로운 느낌을 주는 것이 있습니까? 그러한 산을 모두가 좋아하지는 않겠지만, 등산을 하거나 산에서 스키를 타며 산을 좋아하는 사람들도 있습니다.

창조주는 이러한 피조물보다 훨씬 더 영광스러우신 분입니다. 가장 엄위하신 그분은 우리가 마땅히 탐험해야 할 분이지요. 창조주 하느님을 바라보고 그분을 아버지라 부르는 우리는 참으로 행복한 사람들입니다.

하느님 아버지, 저 높은 산들을 바라보며 엄위하신 아버지의 위대한 창조에 감사드리나이다.

2월 4일

> 제 눈은 이 땅의 진실한 이들에게 머물리니
> 그들이 제 곁에 살리이다.
>
> 시편 101,6

 부모들은 자녀들에게 좋은 친구를 사귀라고 가르칩니다. 친구는 좋든 나쁘든 영향을 미칠 수 있지요.

 예수님이 그러하셨듯이, 우리는 나쁜 일을 하는 사람을 외면하지 말고 연민으로 그들에게 다가가, 그들을 좋은 길로 이끄는 친구가 되어 주어야 합니다. 그리고 하느님께 충실한 사람들을 동료로 삼아야 합니다. 그 진실한 사람들의 격려로 우리는 거룩하게 살 수 있습니다.

예수님, 진실한 친구를 만나고 사귈 수 있는 지혜를 주소서.

2월 5일

> 그들을 그 혀로 망하게 하시리니
> 보는 사람마다 머리를 흔들리라.
>
> 시편 64,9

때때로 우리 자신이 우리의 가장 나쁜 적입니다. 우리가 다른 사람들에게 상처를 입히면서 원한이 생기거나 좋았던 관계가 깨지기 때문입니다. 결국 우리는 우리가 상처 입히고 배척한 사람들에게서 모욕과 조롱을 당하게 됩니다.

또한 우리가 스스로를 자랑하면, 시샘하는 사람들이 우리의 콧대를 꺾으려 들 것입니다. 그렇기에 다른 사람들에게 친절하고 겸손하게 행동하는 것이 더 낫습니다.

하느님, 제 입을 다스리시어 사랑으로 겸손되이 말하게 하시고, 그러지 못할 때에는 곧바로 용서를 청하게 하소서.

2월 6일

> 저의 기도 당신 앞의 분향으로 여기시고
> 저의 두 손 올리오니 저녁 제사로 받으소서.
>
> 시편 141.2

 시편 작가에게는 주님께 바칠 희생 제물도 향료도 없습니다. 그는 그저 두 손을 올려 기도를 바치면서 그 기도를 주님이 받아들여 주시기를 바랄 뿐이지요.
 우리가 다른 사람에게 주는 선물이 반드시 값비싼 것이어야 할 필요는 없습니다. 우리의 시간과 관심과 배려가 가장 좋은 선물입니다.

주님, 제 마음을 너그럽게 만드시어, 제가 주님을 사랑하고 다른 사람들에게 그 사랑을 보이게 하소서.

2월 7일

내 집 천막에 들지 않으리라.
내 방 침상에 오르지 않으리라.
이 눈에 잠도, 눈가에 졸음도 허락하지 않으리라.
내가 주님께 계실 곳을 찾아 드릴 때까지.

시편 132,3-5

많은 사람들이 집도 없이 길거리에서 삽니다. 또 많은 사람들이 그들을 끊임없이 돌봅니다.

예수님도 집이 없으십니다. 우리는 예수님을 위하여 우리 마음과 삶에 그분의 방을 마련해야 합니다. 요한 묵시록에서 예수님은 이렇게 말씀하십니다. "보라, 내가 문 앞에 서서 문을 두드리고 있다."(묵시 3,20)

주 예수님, 주님과 함께 머물라며 끊임없이 저를 부르시니, 제 삶에서 주님을 더욱 완전하게 모실 수 있도록 저를 이끌어 주소서.

2월 8일

저는 뜨내기, 당신이 적어 두셨나이다.
제 눈물을 당신 자루에 담으소서.
당신 책에 적혀 있지 않나이까?

시편 56,9

정보 기록이나 회계를 전공하지 않았더라도, 돈을 쓴 일이나 한 일, 지켜야 할 약속 같은 것은 적어 두는 것이 좋습니다.

하느님도 기록을 하십니다. 그분은 우리의 눈물과 실패까지 적어 두시는데, 앞으로 그 눈물과 아픔을 갚아 주시기 위해서 그렇게 하시는 것입니다.

주 하느님, 주님께서는 제 머리카락까지도 다 세어 두셨으니, 저를 언제나 돌보아 주심에 감사드리나이다.

2월 9일

> 알려 주소서, 주님, 제 마지막 날을.
> 살날이 얼마인지 알려 주소서.
> 제 삶이 얼마나 덧없는지 알리이다.
>
> 시편 39,5

만약 우리가 살날이 얼마 남지 않았음을 알게 된다면, 우리는 중요한 일부터 먼저 하면서, 반드시 해야 할 일에만 온 힘을 기울일 것입니다.

유한한 생명을 지닌 우리는 지상에서 살날이 영원하지 않음을 항상 기억해야 합니다. 그리고 우리에게 가장 중요한 일인 하느님의 은총으로 거룩해지는 일에 온 힘을 기울여야 합니다.

전능하신 하느님, 저에게 주어진 시간을 소중하게 여기며, 그 시간 동안 주님과 더욱 가까워지는 일에 힘쓰게 하소서.

2월 10일

> 주님은 하늘에서
> 사람들을 굽어살피신다.
>
> 시편 14,2

 시야는 보는 사람의 위치에 따라 달라집니다. 고층 빌딩의 꼭대기에서 내려다보는 세상과 대협곡의 밑바닥에서 올려다보는 세상은 다르지요.

 하느님은 가장 높은 자리에서 우리와 우리의 삶을 보고 계십니다. 우리가 하느님 말씀에 대해 묵상하고 기도했을 때, 우리를 바라보시는 하느님의 시선을 깨달을 수 있습니다.

주님, 주님의 시선으로 제 삶과 세상을 바라보도록 저를 이끌어 주소서.

2월 11일 루르드의 복되신 동정 마리아

> 행복하여라, 가련한 사람을 돌보는 이!
> 불행한 날에 주님이 그를 구하시리라.
> 주님이 그를 병상에서 일으키시고
> 아플 때 온갖 고통 없애시리라.
>
> 시편 41,2.4

예수님은 아픈 사람들의 치유를 자신의 사명으로 여기시고 치유자가 되셨습니다. 그리고 예수님의 제자들도 그분의 이름으로 병자들을 치유했지요.

예수님의 가장 으뜸가는 제자인 성모님도 당신의 아드님을 통해 수많은 병자들을 치유하셨습니다. 특히 프랑스 루르드에서 헤아릴 수 없이 많은 이들을 치유하셨습니다.

성모님, 요한 바오로 2세 성인 교황님은 치명적인 총상을 입고도 성모님의 전구 덕분에 살아났다고 믿었사오니, 모든 병자를 위하여 전구하시어, 아드님께서 영광을 받게 하소서.

2월 12일

> 저희가 날마다 하느님을 찬양하고
> 당신 이름 길이 찬송하리이다.
>
> 시편 44,9

현대에는 성공을 위한 전략으로 자기 자신을 드러내고 내세우라고 합니다. 그러나 하느님은 성공보다 더 큰 것을 가지고 계십니다. 따라서 하느님 홀로 마땅히 완전한 찬양을 받으셔야 합니다.

우리는 천상 어전에서 영원토록 주님을 찬양할 날을 기다리며, 지금 이 자리에서 주님을 찬양해야 합니다.

주님, 주님이 제 모든 성공의 토대이심을 깨닫고, 모든 일에서 주님을 찬양하도록 저를 이끌어 주소서.

2월 13일

주님의 말씀은 순수한 말씀,
흙 도가니 속에서
일곱 번이나 정제된 순은이어라.

시편 12,7

하느님은 구약 성경에서 약속하신 모든 것을 신약 성경에서 성취하셨습니다. 하느님이 예수님을 통하여 하신 말씀 또한 제때에 이루어질 것입니다. 하느님의 말씀은 순수하기 때문입니다.

하느님의 말씀은 또한 매우 귀중합니다. 성령의 파견, 죄의 용서, 육신의 부활, 영원한 생명의 약속을 그 무엇에 비길 수 있겠습니까?

주님, 주님은 참으로 진실하시고 신뢰할 수 있기에, 주님의 말씀에 저는 기뻐 뛰나이다.

2월 14일

저의 힘이시여, 당신께 노래하오리다.
하느님, 당신은 저의 성채,
자애로우신 하느님이시옵니다.

시편 59.18

대중가요는 대부분 사랑을 노래합니다. 사랑에 빠진 사람은 아름다운 말로 상대방에 대한 애정을 드러냅니다. 그러나 이러한 사랑은 쉽게 변하거나 말에 그칠 때가 많지요.

그와 달리 하느님은 섭리와 자비로 우리를 위하시며 당신의 사랑을 보여 주십니다. 예수님을 내어 주시고 성령을 보내시며 교회를 통하여 우리를 사랑하시지요. 이토록 사랑받는 우리가 하느님을 찬양하고 그분이 베푸신 사랑을 노래하는 것은 참으로 마땅한 일입니다.

주 하느님, 제가 주님의 사랑을 분명히 깨닫고, 더욱 확신에 차 그 사랑을 세상에 널리 알리게 하소서.

2월 15일

> 주님은 땅끝에서 구름을 일으키시고,
> 번개 쳐 비를 내리시며,
> 바람을 당신 곳집에서 끌어내시네.
>
> 시편 135,7

오늘날의 환경 지식이나 기술로도 날씨를 정확히 예측하기란 어려운 일입니다. 날씨를 통제한다는 것은 생각도 할 수 없지요. 혹독한 날씨를 겪다 보면 우리는 위대한 자연 앞에 겸손해지게 됩니다.

하물며 비바람을 만들고 일으키시는 주님은 얼마나 더 위대하겠습니까! 그토록 놀라운 일을 이루시는 주님께 우리가 겸손과 믿음으로 도움을 청한다면, 그분은 우리 삶에서 더욱 위대한 일들을 이루어 주실 것입니다.

전능하신 하느님, 모든 비바람이 저에게 하느님의 위대한 권능을 일깨워, 제가 주님의 도우심을 구하게 하소서.

2월 16일

하느님, 제 마음을 깨끗이 만드시고
제 안에 굳건한 영을 새롭게 하소서.

시편 51.12

어떤 중독자든 자신의 처지를 인정하고 도움을 구해야 치유될 수 있습니다. 죄에 시달리는 사람들도 모두 비슷한 처지에 있지요. 우리의 마음은 사악한 욕망에 더럽혀지고 우리의 정신은 선과 악 사이에서 흔들립니다.

나병 환자들은 예수님만이 자신을 깨끗하게 해 주실 수 있다고 믿었고, 예수님은 그런 그들을 깨끗하게 치유해 주셨지요. 그분은 지금도 그렇게 사람들을 치유하시며, 우리가 그분을 찾을 때까지 참고 기다리십니다.

주님, 주님만이 죄에 젖은 습관을 이겨 내도록 저를 도우실 수 있사오니, 제가 죄에 빠져들도록 버려두지 마시고, 어서 오시어 저를 도와주소서.

2월 17일

당신은 죄악을 좋아하는 하느님이 아니시기에
악인은 당신 앞에 머물지 못하나이다.

시편 5,5

하느님은 죄악을 싫어하시며, 그 죄악이 없어지기를 바라십니다. 그러한 까닭에 하느님은 모세를 통하여 율법을 주셨고, 그리스도를 통하여 당신의 은총을 주셨습니다.

하느님은 당신의 선과 사랑으로 죄악을 없애시므로, 그분이 계신 곳에는 죄악이 머물지 못합니다. 마침내 하느님은 예수님을 보내시어 다른 사람들에게 배척당한 죄인들을 부르셨지요. 이 부르심은 회개하면 구원을 받으리라는 희망을 보여 주는 것입니다.

사랑하는 하느님 아버지, 제가 죄를 미워하되, 죄인들에게는 다가가게 하소서.

2월 18일

> 주님, 당신이 죄악을 헤아리신다면
> 주님, 감당할 자 누구이리까?
> 그러나 주님께는 용서가 있나이다.
>
> 시편 130,3-4

우리의 삶은 운동 경기가 아니며, 하느님은 그 결과를 득점판에 기록하지도 않으십니다. 하느님이 그렇게 하신다면, 우리는 질 수밖에 없겠지요.

이처럼 하느님은 우리의 죄악을 헤아리지 않으시며, 우리가 죄를 지었을 때 우리를 너그러이 용서해 주십니다. 그렇게 우리가 죄를 용서받으면, 그 죄는 더 이상 하느님과 우리 사이를 가로막지 못합니다.

주 하느님, 언제나 기꺼이 용서하시는 주님께 감사와 찬양을 드리나이다. 제가 고해성사를 자주 보면서 주님의 용서를 받게 하소서.

2월 19일

> 하느님, 당신이 응답해 주시니,
> 제가 당신께 부르짖나이다.
> 귀 기울여 제 말씀 들어 주소서.
>
> 시편 17,6

오늘날 온갖 통신 수단이 있음에도 불구하고, 오히려 이전보다 사람들에게 다가가는 것이 어려워졌습니다. 그저 메시지를 보내고 상대방의 답을 기다려야 하지요.

그러나 하느님은 결코 그렇게 하지 않으십니다. 그분은 언제나 우리의 기도에 귀를 기울이시며 응답하시지요. 우리를 깊이 배려하시는 그분의 응답은 큰 효력을 지니고 있습니다.

전능하신 주 하느님, 주님은 언제나 저희의 기도를 듣고 계시오니, 제가 더욱더 열렬히 기도하도록 이끌어 주소서.

2월 20일

네가 이런 짓들 저질러도 잠자코 있었더니,
내가 너와 똑같은 줄 아는구나.
나는 너를 벌하리라.
너의 행실 네 눈앞에 펼쳐 놓으리라.

시편 50,21

하느님 아버지는 예언자들을 보내시어 당신 백성에게 회개를 촉구하셨습니다. 예수님도 당신 제자들에게 서로의 잘못을 바로잡아 주라고 권고하셨지요.

우리가 자기 일이 바쁘다는 핑계로 다른 사람에게 냉담하고 무관심하지는 않았는지, 또 다른 사람들이 죄에 빠져드는 것을 그저 우두커니 바라보고 있지는 않았는지 살펴보아야 합니다.

주 예수님, 제가 주님을 본받아 죄에 휘말리는 사람들에게 언제나 사랑으로 진실을 말하게 하소서.

2월 21일

> 예루살렘아, 너를 잊는다면
> 내 오른손이 굳어 버리리라.
>
> 시편 137.5

우리는 때때로 무언가를 잊어버립니다. 그러나 정말 중요한 일은 절대 잊지 않지요. 예를 들면, 우리가 생명을 유지하는 데 꼭 필요한 먹는 일은 잊지 않습니다.

그리스도인들은 결코 삶의 목적지, 곧 새로운 천상 예루살렘을 잊을 수 없습니다. 그 목적지를 잊는다면, 옆길로 새거나 완전히 길을 잃어버리겠지요. 때로는 커다란 실패를 통해 우리의 잘못을 깨닫고 제 길로 돌아오기도 합니다.

주님, 제가 실패를 거듭하더라도, 주님의 은총으로 다시 일어나, 제 삶의 마지막 목적지를 향해 나아가도록 도와주소서.

성 베드로 사도좌 축일

2월 22일

> 땅끝에서, 기진한 마음으로 당신을 부르나이다.
> 제가 못 오를 바위 위로, 저를 이끌어 주소서.
>
> 시편 61,3

하느님은 친히 당신 백성에게 최고의 바위가 되어 주십니다. 또한 하느님 아버지의 은총으로, 베드로 사도도 교회의 토대를 놓은 바위가 되었습니다.

땅끝에서 사람들이 기진한 마음으로 하느님께 부르짖을 때, '베드로'라는 반석 위에 세워진 하느님의 교회는 언제나 그들을 기꺼이 받아들이고 그들에게 힘을 북돋아 줍니다.

하늘에 계신 아버지, 모든 그리스도인이 베드로 사도의 후계자인 교황님과 일치하여 주님을 섬기게 하소서.

2월 23일

> 주님은 높이 계셔도
> 낮은 이를 굽어보시나이다.
>
> 시편 138,6

흔히 권력을 쥔 높은 사람들은 자만심에 차 있습니다. 그들은 자신이 다른 사람보다 더 훌륭하기에 더 많은 것을 누려야 한다고 생각하며, 가난하고 어려움에 처한 사람들에게는 신경을 쓰지 않습니다.

반면에 지극히 높으신 하느님은 매우 겸손하신 분입니다. 그리고 그분 친히 모든 사람을 도와주십니다. 특히 가장 낮은 이들을 돌보시지요. 우리가 참으로 하느님의 자녀라면, 세상이 하찮게 여기는 사람들을 세심하게 보살펴야 합니다.

전능하신 하느님, 제가 하느님의 종으로서 언제나 가장 낮은 자리에 있는 사람들을 섬기게 하소서.

2월 24일

이제 악인들의 죄악은 끝내시고
의인들은 굳세게 하소서.
마음과 속을 꿰뚫어 보시는 분,
하느님은 의로우시다.

시편 7,10

의사들은 환자를 진단하고 치료하기 위하여 특별한 검사를 합니다. 하지만 사람들의 마음속을 꿰뚫어 보시는 하느님께는 그런 검사가 필요하지 않습니다.

하느님은 우리를 영적으로 진단하시고 치료하십니다. 우리에게서 죄악을 없애시고 의로움을 북돋아 주시지요. 그분은 우리가 기도할 때 우리에게 진단 결과를 알려 주시고, 성사를 통하여 우리를 치유하십니다.

주님, 제가 기도할 때 주님께서 보여 주시는 저의 모습을 진실하게 받아들이고, 주님의 거룩하신 도움으로 치유의 길을 걷게 하소서.

2월 25일

> 당신께 제 영혼을 들어 올리오니,
> 주님, 이 종의 영혼을 기쁘게 하소서.
>
> 시편 86,4

예수님은 바로 당신 안에 기쁨이 있고, 제자들에게 당신의 기쁨이 충만하기를 바라신다고 말씀하셨습니다(요한 15,11 참조). 하느님은 우리가 예상하지 못한 방법을 통해서도 우리에게 기쁨을 주시고자 합니다.

그러므로 우리는 늘 기도하며 하느님께 우리 영혼을 들어 올려야 합니다. 덧없는 즐거움만을 주는 사람이나 사물이 아니라, 오직 하느님에게서 진정한 기쁨을 찾아야 합니다.

주 하느님, 제가 덧없는 즐거움을 찾기보다, 주님께서 저에게 주시려는 영원한 기쁨을 찾아 누리도록 이끌어 주소서.

2월 26일

> 당신은 용서하시는 하느님이시어도,
> 그들의 악행은 응징하셨나이다.
>
> 시편 99.8

  용서는 좋은 관계를 회복하고 지속시킵니다. 하지만 용서가 방임이어서는 안 됩니다. 부모는 자녀를 용서하면서도 때로는 그에 맞는 벌을 주어야 합니다. 그래야 자녀의 나쁜 행동을 고칠 수 있지요.
  자녀를 사랑하는 좋은 부모는 자녀를 잘 훈육합니다. 이와 같이 하늘에 계신 우리 아버지는 우리를 사랑하시기 때문에, 언제나 우리를 단련시키십니다.

주님, 제가 저지른 죄악의 고통 속에서도, 주님의 사랑을 깨닫고 받아들이게 하소서.

2월 27일

> 주님은 사막에서 당신 백성을 인도하셨네.
> 주님의 자애는 영원하시다.
>
> 시편 136,16

이스라엘이 약속받은 땅으로 갈 때, 그곳으로 가는 편한 길이 많았을 것입니다. 그러나 하느님은 광야의 거친 사막으로 이스라엘을 데리고 가셨지요. 거기에서 이스라엘은 자신들이 오직 하느님께 속한 백성임을 깨닫고, 그분의 섭리를 체험하며 그분을 신뢰하게 되었습니다.

사막은 이스라엘을 위한 하느님의 사랑을 드러낸 장소입니다. 우리에 대한 하느님의 사랑도 그럴 것입니다. 우리가 사막에 버림받았다고 느낄 때에도, 하느님은 우리를 당신께 더 가까이 이끌어 주고 계십니다.

주 하느님, 저희가 영혼의 사막을 체험하는 때일수록, 주님을 더욱더 신뢰하게 하소서.

2월 28일

> 가난한 이들은 배불리 먹고,
> 주님 찾는 이들은 그분을 찬양하리라.
>
> 시편 22,27

더 많이 가진 사람들이 가난한 이들에게 자신이 가진 것을 나눌 때, 가난한 사람들은 배불리 먹게 될 것입니다. 이것이 바로 사순 시기에 특별히 자선을 강조하는 까닭입니다.

우리가 가진 것은 본디 하느님께 받은 것입니다. 그것을 내어 주는 것이기에, 기부나 봉사를 한다고 이를 드러내거나 찬사를 받을 이유는 없지요. 우리에게 절제와 사랑을 가르치시는 분 역시 하느님이십니다.

전능하신 하느님, 제 가까이에 있는 가난한 사람들을 볼 수 있도록 제 눈을 열어 주소서. 그들을 도울 힘과 마음을 주소서.

2월 29일

> 그분의 업적을 어느새 잊어,
> 그분의 분부를 따르지 않았네.
> 사막에서 그들은 탐욕을 부리고,
> 광야에서 하느님을 시험하였네.
>
> 시편 106,13-14

우리는 자주 쉽게 잊어버립니다. 즉 하느님이 우리에게 베푸셨던 무수한 은혜를 잊고 그분의 계명을 저버린 채 지나친 욕심을 부리기도 합니다.

그러다가 극도로 가난해지고 큰 어려움을 겪게 될 수도 있습니다. 그러나 그러한 때에도 우리는 하느님을 신뢰해야 합니다. 그러한 시련은 전능하신 하느님의 섭리를 체험하는 소중한 계기가 될 수 있으며, 이를 통해 우리의 믿음을 더욱 성장시킬 수 있습니다.

하느님, 저에게 베푸신 온갖 은혜를 잊지 않겠나이다. 오늘 제가 저의 탐욕을 조금이라도 버리도록 도와주소서.

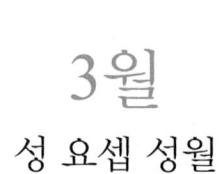

3월
성 요셉 성월

3월 1일

> 당신께 도움 청할 때,
> 당신 지성소로 두 손 들어 올릴 때
> 간청하는 제 소리 들어 주소서.
>
> 시편 28,2

어린 시절에 우리는 어른들의 관심을 받기 위해 두 손을 들어 올렸습니다. 그리고 그것을 본 어른들이 우리를 들어 올려 안아 주고 달래 주리라고 믿었지요.

인생에서 큰 어려움에 부딪칠 때, 우리는 어린아이처럼 어쩔 줄 몰라합니다. 그러나 우리는 하느님께 두 손을 들어 올리고 큰 소리로 그분의 도우심을 간청할 수 있습니다. 하느님은 우리를 극진히 사랑하시는 우리의 아버지이시기 때문입니다.

하느님 아버지, 아버지께 두 손을 들어 올리며 큰 소리로 부르짖사오니, 간청하는 제 소리 들으시어, 사랑으로 응답해 주소서.

3월 2일

> 주님은 너그럽고 자비하시며,
> 분노에 더디시고 자애가 넘치시네.
> 주님은 모두에게 좋으시며,
> 그 자비 모든 조물 위에 내리시네.
>
> 시편 145,8-9

주님은 너그러우십니다. 부모가 자녀에게 그러하듯이, 주님은 좋은 사람이든 나쁜 사람이든 모두에게 자애를 베푸십니다.

예수님이 말씀하신 되찾은 아들의 비유(루카 15,11-32 참조)에 나오는 형처럼, 우리는 방탕하게 사는 사람을 불의한 몹쓸 놈으로 여길 수도 있습니다. 그러나 이 세상에 완벽한 사람은 아무도 없지요. 따라서 좋은 사람이든 나쁜 사람이든 하느님께 자비를 간청해야 합니다.

너그러우신 하느님, 제가 다른 사람들에게 자애를 베푸는 데 인색하지 않게 하소서. 특별히 제 마음에 드는 사람만이 아니라, 모든 사람에게 친절을 베풀도록 도와주소서.

3월 3일

> 저는 자루옷을 걸치고
> 단식으로 고행하며
> 제 가슴을 기도로 채웠나이다.
>
> 시편 35,13

하느님이 커다란 곤경에서 우리를 구해 주시기를 바란다면, 우리는 단식을 하고 온 마음을 다해 기도하며 우리의 간절함을 하느님께 보여 드려야 합니다.

예수님은 늘 단식하시며 기도를 열렬히 바치셨습니다. 지극히 높으신 예수님도 그렇게 하셨는데, 그분보다 낮은 우리가 단식하며 기도하는 것은 당연한 일 아니겠습니까?

하늘에 계신 아버지, 저를 도와주시어, 단식하며 아버지께 간절한 기도를 올리신 성자 예수님을 본받게 하소서.

3월 4일

제가 입을 다물고 있으려니,
날마다 신음으로 제 뼈가 마르나이다.
당신께 아뢰나이다.
"주님께 저의 죄를 고백하나이다."
당신은 제 허물과 잘못을 용서하셨나이다.

시편 32,3.5

하느님은 우리 죄를 알고 계십니다. 우리도 대개는 자기 죄를 알지요. 그러나 아는 것에 머물러서는 안 됩니다. 즉 자기 죄를 인정하고 고백해야 합니다. 그렇게 할 때, 비로소 우리는 죄에서 풀려날 수 있습니다.

자기 죄를 인정한다는 것은 우리 그리스도인에게 매우 필요한 일입니다. 그렇게 죄를 인정한 후, 고해성사에서 죄를 고백하고 사제를 통해 죄의 용서를 받아야 합니다.

하느님, 저를 용서하소서. 빠른 시일 안에 제 죄를 온전히 고백하도록 저를 도와주소서.

3월 5일

내 백성이 내 말을 듣기만 한다면,
이스라엘이 내 길을 걷기만 한다면.

시편 81,14

우리는 방향을 제시하거나 조언하시는 부모님 말씀을 따르지 않다가, 큰 대가를 치러 본 적이 있을 것입니다.

만약 우리가 하느님의 말씀을 듣지 않는다면, 부모님의 말씀을 듣지 않는 것보다 훨씬 더 큰 대가를 치를 것입니다. 하느님은 그러한 대가를 치르지 말고, 순종하여 상급을 받으라고 우리에게 권유하십니다.

주 예수님, 하느님께 순종하는 법을 주님에게서 배우도록 저를 이끌어 주소서.

3월 6일

> 하느님, 제 기도를 들으시고,
> 제 입이 아뢰는 말씀에 귀를 기울이소서.
>
> 시편 54,4

하느님은 우리에게 당신의 말씀을, 당신이 말씀해 오신 것을 들으라고 하시는데, 우리는 하느님께 우리의 기도를, 우리가 간청해 온 것을 들어 달라고 떼를 씁니다.

그래도 이는 무례한 행동은 아닙니다. 예수님은 하느님이 우리의 아버지이시기에 우리의 기도를 들어주시고자 한다고 분명히 말씀하셨습니다(마태 6,8 참조). 그리고 당신을 따르는 사람들에게 끊임없이 기도하라고 가르치셨습니다(루카 18,1-8 참조).

하느님 아버지, 아버지를 찬양하나이다. 무엇보다 예수님을 보내 주시어 저희에게 아버지께 말씀드리고 기도하는 법을 가르쳐 주셨음에 감사드리나이다.

3월 7일

> 명령하신 말씀 천대에 이르도록,
> 당신의 계약 영원히 기억하시네.
>
> 시편 105.8

하느님의 계약은, 우리 인간이 서로의 의무와 권리를 적어 놓은 계약서와 비길 수 없는, 가장 완전한 것입니다. 계약은 두 당사자를 묶어 주는 인격적인 유대이지요. 하느님은 우리와 그러한 계약을 맺으셨습니다.

혼인과 같이 인간 사이에서 맺은 계약은 깨지기도 합니다. 이처럼 인간은 계약을 저버리기도 하지만, 하느님은 완전하시고 진실하시기에, 우리와 맺은 계약을 충실히 지키십니다.

주 하느님, 제가 언제나 주님의 계약을 기억하고, 그 계약에 충실히 살아가도록 이끌어 주소서.

3월 8일

> 숨겨진 저의 잘못 씻어 주소서.
> 그러면 제가 흠 없이 살리이다.
>
> 시편 19,13.14

우리는 우리의 죄를 알지만, 모두 다 알지는 못합니다. 그런데 기계도 잘못 쓰면 고장 나듯이, 모든 죄는 우리에게 해를 끼칩니다.

우리가 하느님의 말씀을 듣고 기도를 바치며 우리 자신의 죄를 깨달으려고 노력할 때, 하느님은 우리의 숨은 죄까지도 모두 없애도록 도와주십니다.

주님, 저의 죄를 분명히 깨닫게 하소서. 그리고 주님의 은총으로 저의 죄를 용서하소서.

3월 9일

> 행복하여라, 온전한 길을 걷는 이들,
> 주님의 가르침을 따라 사는 이들!
>
> 시편 119,1

죄를 멀리하고 허물없이 살면, 하느님께 많은 복을 받습니다. 좋지 않은 음식을 멀리했을 때 우리 건강에 도움이 되는 것과 마찬가지이지요.

우리 몸을 유지하려고 건강에 좋은 음식을 먹듯이, 우리 영혼이 행복하기 위해서는 하느님의 가르침을 따라야 합니다. 그러므로 하느님의 가르침을 잘 알 필요가 있습니다.

전능하신 주 하느님, 주님의 가르침을 잘 알도록 이끌어 주시고, 그 가르침을 마련해 주신 주님을 더욱더 사랑하게 하소서.

3월 10일

> 소리 높여 나 주님께 부르짖네.
> 그분 앞에 내 근심 쏟아 붓고,
> 그분 앞에 내 곤경 하소연하네.
>
> 시편 142,2.3

예수님은 우리가 어떤 사람에게 반감을 품고 있으면, 먼저 그 사람에게 이야기하고 그를 용서해야 한다고 가르치셨습니다(마르 11,25 참조). 그렇게 하지 않으면, 우리가 그 사람을 무시하는 것이지요.

마찬가지로, 우리가 살아가다가 어려움에 부딪칠 때, 우리가 하느님을 제쳐 두고 사람들에게만 불평을 쏟아낸다면, 그 또한 하느님을 무시하는 것입니다.

주 하느님, 모든 어려움의 책임을 주님께 돌리지 않게 하시고, 언제나 제 모든 어려움을 주님께 바치게 하소서.

3월 11일

선조들의 죄를 저희에게 돌리지 마소서.
어서 빨리 당신 자비를 저희에게 내리소서.
저희는 너무나 불쌍하게 되었나이다.

시편 79,8

선조들의 죄와 잘못에 대한 벌을 지금 우리가 받는다는 생각이 들 때가 있습니다. 그러나 하느님은 결코 그렇게 하지 않으십니다. 우리는 그저 선조들의 잘못이 미치는 파급 효과를 겪는 것이지요.

그러한 파급 효과를 막고 우리 자신과 미래 세대를 치유하기 위해서는, 하느님의 자비와 도우심이 반드시 필요합니다.

전능하신 주 하느님, 저희가 역사를 되돌릴 수 없사오나, 주님의 은총으로 저희를 도우시어, 희망을 안고 미래를 향해 나아가게 하소서.

3월 12일

> 찬양 제물을 바치는 이는 나를 공경하리라.
> 올바른 길을 걷는 이는 하느님의 구원을 보리라.
>
> 시편 50,23

사순 시기에 우리는 좋아하는 것들을 포기하며 희생 제물을 바칩니다. 그러나 하느님이 원하시는 제물은, 우리가 그분께 감사하고 찬양하며 살아가는 것입니다. 그렇게 하여 우리의 믿음을 그분께 드러내는 것이지요.

하느님의 계명을 따르는 것 또한 그렇습니다. 예수님은 하느님의 길을 따르는 모범을 가장 완벽하게 보여 주셨습니다. 그분처럼 우리가 하느님의 길을 따른다면, 우리의 믿음이 가장 확실하게 드러날 것입니다.

전능하신 주 하느님, 주님의 길을 따르고자 하는 저의 믿음이 감사와 찬양으로, 또 순종으로 피어나게 하소서.

3월 13일

나 언제나 주님을 찬미하리니
내 입에 늘 찬양이 있으리라.

시편 34,2

예수님은 돌아가시기 전날 밤에도 하느님을 찬양하셨습니다. 주님은 어떤 일에서나 우리의 행복을 위하여 움직이시므로, 언제나 찬미와 찬양을 받으셔야 합니다.

우리는 좋은 날이나 궂은 날이나, 기쁜 날이나 슬픈 날이나 언제나 하느님을 찬양해야 합니다. 그렇게 할 때 영원한 생명의 참행복을 얻을 수 있을 것입니다.

주 하느님, 기쁠 때나 슬플 때나 제가 진실한 마음으로 주님을 찬양하도록 이끌어 주소서.

3월 14일

저희 구원의 하느님,
당신 이름의 영광을 위하여 저희를 도우소서.
저희를 구하소서.
당신 이름 위하여, 저희 죄를 용서하소서.

시편 79.9

우리가 죄를 몇 번이나 지었느냐에 따라 하느님의 용서와 도우심을 받는 것은 아닙니다.

하느님은 오직 사랑 때문에 우리를 용서하시고 도와주십니다. 그러므로 우리는 언제나 하느님의 자비하신 사랑에 감사드리며, 그 사랑을 다른 사람들에게 널리 전해야 합니다.

전능하신 주 하느님, 저를 집어삼키려는 죄악의 구렁에서 저를 구원하소서. 주님의 은총을 받기에 저는 부당하오나, 주님께서는 자비로우시니, 저에게 자비를 베푸시고, 그 자비로우신 사랑을 널리 전하게 하소서.

3월 15일

저는 아나이다.
주님은 가련한 이에게 정의를 베푸시고,
불쌍한 이에게 권리를 찾아 주시나이다.

시편 140,13

어떤 사람들은 수완가들이 성공을 거두는 것을 보면서, 그들을 비꼬며 "하늘은 스스로 돕는 자를 돕는다."라는 표현을 쓰기도 합니다. 그러나 시편 작가는 하느님은 스스로 도울 수 없는 가련한 사람을 도우신다고 노래합니다.

가난하고 힘없는 사람들을 도우시는 하느님을 따라 우리도 그들을 도와야 하지 않겠습니까? 분명히 하느님은 당신을 따라 가난한 이들을 돕는 사람들을 도와주실 것입니다.

하느님, 제 자신의 행복만을 추구해 온 저를 도우시어, 저보다 불우한 사람들을 찾아가 돕게 하소서.

3월 16일

> 멈추어라,
> 너희는 알아라,
> 내가 하느님이다.
>
> 시편 46.11

우리는 다리가 있어 걸을 수 있고, 입이 있어 말할 수 있습니다. 그래서 우리는 끝없이 움직이고 끊임없이 말을 합니다. 우리가 멈추면 온 세상이 멈추어 버릴 것처럼 말이지요.

그러나 우리가 하는 일보다 더 중요한 것은 하느님이 하시는 일입니다. 우리가 때때로 하던 일을 멈추고, 하느님을 온전히 바라보며 그분이 하시는 일을 묵상한다면, 더 많은 은총을 받을 수 있을 것입니다.

주님, 주님께서 하느님이심을 고백하오니, 주님의 현존을 깨닫고 주님께 감사드리게 하소서.

3월 17일

> 목장들은 양 떼로 뒤덮이고,
> 골짜기에는 곡식이 가득 쌓여,
> 환성을 올리며 노래하나이다.
>
> 시편 65,14

이 시편 구절에서 표현하는 아름다운 목장과 골짜기는 그저 거기에 있도록 하느님이 만드셨지만, 양 떼와 곡식은 인간의 노동으로 얻습니다.

에덴동산 이래로 하느님은 당신이 아름다운 일을 하시는 데에 협력하도록 인간을 부르셨습니다. 그렇다면 우리가 그분이 하시는 일을 어떻게 도와 드릴 수 있을지 생각하는 시간을 가져 봅시다.

주 하느님, 저를 이 삶으로 부르시어, 주님 안에서 다른 이들과 함께 일하게 하시니 감사드리나이다.

3월 18일

하느님, 당신은 제 어리석음을 아시나이다.
당신께는 저의 죄악을 숨길 수 없나이다.

시편 69,6

 어떤 사람들은 죄를 지어도 잡히지만 않으면 괜찮다고 생각합니다. 그리고 되도록 죄를 지은 곳에서 멀리 도망치는 것이 좋다고 여기지요. 하지만 이것은 완전히 잘못 생각하는 것입니다.
 죄를 짓는 것은 어리석은 일입니다. 죄는 다른 사람들뿐만 아니라 죄를 저지른 자신도 해치지요. 다른 사람들이 보든 안 보든, 우리가 저지르는 죄는 하느님의 눈길에서 결코 벗어나지 못합니다.

주님, 저에게 죄를 멀리하며 옳은 일을 하고 덕을 베푸는 지혜의 길을 보여 주심에 감사드리나이다.

3월 19일   복되신 동정 마리아의 배필 성 요셉 대축일

> 너의 근심 걱정 주님께 맡겨라.
> 그분이 너를 붙들어 주시리라.
> 의로운 사람이 흔들리도록,
> 결코 버려두지 않으시리라.
>
> 시편 55,23

우리는 살면서 걱정이 많아지고, 특히 일터와 가정에서 많은 근심과 걱정에 시달립니다. 그러다 보면 바르고 의로운 일에 대한 생각을 접어 두고, 근심과 걱정을 덜어 보려는 유혹에 마음이 기울 수도 있습니다.

우리가 의롭게 살아가며 어려운 처지에서도 하느님의 뜻을 따르려면, 하느님께 도우심을 청해야 합니다. "여러분의 모든 걱정을 그분께 내맡기십시오. 그분께서 여러분을 돌보고 계십니다."(1베드 5,7)

주 하느님, 의로운 사람이었던 요셉 성인처럼, 주님의 뜻을 확고히 따르도록 저를 도와주시고, 결코 흔들리지 않고 주님의 뜻을 이루게 하소서.

3월 20일

> 그러나 나는 발이 미끄러져
> 하마터면 넘어질 뻔하였네.
>
> 시편 73,2

인간은 직립 보행을 하기에, 앞을 보는 데 주의하지 않으면, 장애물에 걸려 쉽게 넘어질 수 있습니다.

우리는 도덕적 존재이지만, 그릇된 일을 선택했다가 넘어지고 타락할 수도 있습니다. 위험은 언제나 도사리지요. 이러한 위험을 줄이려면, 그 위험을 밝혀 주시는 하느님의 말씀에 항상 정신을 집중해야 합니다.

전능하신 하느님, 제가 넘어지지 않도록 언제나 저를 살펴보시고, 죄에 빠지지 않도록 늘 지켜 주심에 감사드리나이다.

3월 21일

> 내 백성아, 나의 가르침을 들어라.
> 내 입이 하는 말에 귀를 기울여라.
>
> 시편 78,1

하느님은 특별한 일을 하시려고 우리를 선택하셨습니다. 그러한 까닭에, 그분은 예수님과 교회를 통하여 확고하게 그러나 온유하게 우리를 인도하시지요. 그분의 가르침은 우리가 큰 잘못을 저지르지 않도록 지켜 주시기에 커다란 은총입니다.

그러나 그 은총은 쉽게 주어지는 것이 아닙니다. 그 은총을 받기 위해서는, 우리 자신의 생각이나 관심사를 제쳐 두고, 오직 하느님의 말씀에 귀를 기울여야 합니다.

주 하느님, 제가 주님의 말씀에 귀를 기울이고 따를 수 있는 마음을 갖도록 저를 도와주소서.

3월 22일

주님, 너그러우신 자애로 저에게 응답하소서.
당신의 크신 자비로 저를 돌아보소서.

시편 69,17

많은 사람들은 다른 이의 아름다움이나 성공, 재산에 관심을 보이며, 그를 부러워하기도 하고 시샘하기도 합니다. 그런데 시편 작가는 하느님께 크신 자비로 자신을 돌아봐 달라고 호소합니다.

시편 작가의 모범을 따라, 우리는 주님께 우리를 돌아봐 달라고 청해야 합니다. 우리의 재능과 성공뿐만 아니라 우리의 나약함과 실패도 주님께 바치며, 주님이 너그러우신 자애로 응답해 주시기를 빌어야 합니다.

하느님 아버지, 부족한 저를 돌아보소서. 저에게 자비를 베푸시어 저의 잘못을 굽어보시고, 온갖 어려움에서 저를 구해 주소서.

3월 23일

> 고통을 겪기 전에는 제가 잘못했으나,
> 이제는 당신 말씀을 따르나이다.
> 당신은 좋으시고 선을 행하시는 분,
> 당신 법령을 저에게 가르치소서.
>
> 시편 119,67-68

고통은 위대한 스승입니다. 우리는 우리가 지은 죄로 인해 고통을 받으며, 오직 하느님의 말씀만을 믿고 은총을 간구해야 한다는 것을 배웁니다.

하느님의 말씀은 우리 길을 밝혀 주는 빛입니다. 하느님은 당신의 선하심으로 우리에게 말씀을 전해 주십니다. 지혜로운 사람들은 성경에서 또 교회의 가르침에서 듣는 하느님의 말씀을 공부하고 준수합니다.

주 하느님, 제가 길을 잃고 헤맬 때마다 주님 말씀으로 저를 바른 길로 돌아오도록 이끌어 주심에 감사드리나이다.

3월 24일

> 주님, 당신 자애는 하늘에 닿으며,
> 당신 진실은 구름까지 이르나이다.
>
> 시편 36.6

 하느님의 자애는 얼마나 크겠습니까? 그분의 자애는 무한하며, 마침내 십자가에 이릅니다. 하느님은 얼마나 진실하십니까? 그분의 진실하심은 모든 사람에게 영원토록 지속될 것입니다.
 그럼에도 우리가 그것을 잘 느끼지 못하는 것은, 우리가 하느님께 관심을 갖지 않고 하느님을 거부하며, 그분의 자애와 진실하심을 받아들이려고 하지 않기 때문입니다.

살아 계신 주 하느님, 제가 주님의 자애와 진실하심을 깨닫도록 일깨우시어, 온전히 열린 마음으로 주님을 받아들이게 하소서.

3월 25일   주님 탄생 예고 대축일

> 당신은 희생과 제물을 즐기지 않으시고,
> 도리어 저의 귀를 열어 주셨나이다.
> 주 하느님, 저는 당신 뜻 즐겨 이루나이다.
>
> 시편 40,7.9

가난한 여인이었던 성모님은 모세의 율법에 규정된 희생 제물을 바칠 수가 없었습니다. 그러나 하느님의 뜻을 받아들임으로써 당신의 신심을 하느님께 보여 드렸지요. 성모님은 하느님의 아드님에게 인성을 전하셨으며, 그 아드님은 하느님의 뜻에 순종하여 십자가 위에서 그 인성을 바치셨습니다. 이것이 예수님의 희생 제사이며, 우리는 예수님으로 인해 영원한 은혜를 받고 있습니다.

하느님 아버지, 예수님은 저희에게 기도를 가르쳐 주시며 아버지의 뜻을 이루라고 당부하셨나이다. 저희의 어머니 성모님처럼, 아버지의 뜻을 이루는 것이 저희의 기쁨이 되게 하소서.

3월 26일

> 자비를 베푸소서,
> 주님, 저희에게 자비를 베푸소서.
>
> 시편 123,3

하느님의 자비는 의심할 나위 없이 확실합니다. 하느님은 모든 시대에 넘치는 자비를 보여 주셨지요. 그분은 지금 이 시대에도 그분의 자비를 찾는 모든 이에게 끊임없이 자비를 베풀어 주십니다.

따라서 우리는 하느님이 우리에게 자비를 베푸시어, 우리 죄를 용서하시고 우리에게 당신의 은총을 내려 달라고 기도해야 합니다.

하느님 아버지, 저는 아버지의 가르침에 기뻐하며, 아버지의 자비를 찬양하나이다.

3월 27일

주님은 어질고 바르시니,
죄인들에게도 길을 가르치신다.

시편 25,8

하느님은 죄인들이 죄에 빠지도록 버려두지 않으시고, 길 잃은 양들이 정처 없이 헤매도록 내버려 두지 않으십니다. 목자이신 하느님은 길 잃은 양들이 다시 올바른 길로 돌아오도록 이끌어 주시지요.

우리가 선하신 하느님께 은혜를 입었으므로, 우리도 길 잃은 사람들을 찾아 그들이 바른 길을 걷도록 도와주어야 합니다.

주님, 주님을 따르고자 하는 저희를 자애로이 굽어보시어, 길을 잃고 헤매는 사람들에게 저희가 자비를 베풀게 하소서.

3월 28일

> 하느님, 저의 하느님,
> 어찌하여 저를 버리셨나이까?
> 소리쳐 부르건만 구원은 아득하옵니다.
>
> 시편 22,2

"나를 보내신 분께서는 나와 함께 계시고 나를 혼자 버려두지 않으신다."(요한 8,29) 예수님은 하느님 아버지가 자기와 함께 계신다는 것을 아셨습니다. 그러나 예수님이 고난을 받으실 때에는 그분의 현존을 느끼지 못하셨지요.

그러나 하느님은 예수님의 부르짖음을 들으시고 그분을 죽음에 버려두지 않으셨으며, 그분께 영원한 생명을 주셨습니다. 그리하여 하느님은 당신께 부르짖는 이들을 도와주신다는 것을 예수님을 통해 보증해 주십니다.

예수님, 제가 극심한 고통을 받을 때에도 결코 기도를 포기하지 않도록 저를 도와주소서.

3월 29일

> 원수들 보는 앞에서 제게 상을 차려 주시고,
> 머리에 향유를 발라 주시니,
> 제 술잔 넘치도록 가득하옵니다.
>
> 시편 23,5

적대 세력이나 반대자들이 보고 있음에도, 하느님은 당신을 믿는 이들에게 복을 내려 주십니다. 영성적으로 때로는 물질적으로도 복을 내려 주시지요.

예수님은 이렇게 말씀하셨습니다. "나는 양들이 생명을 얻고 또 얻어 넘치게 하려고 왔다."(요한 10,10) 하느님이 예수님의 제자들을 위하여 성찬의 식탁을 차려 주시고, 예수님의 사명을 위하여 그분을 도유하신 것처럼, 견진을 통해 우리도 성령으로 도유하십니다.

주 하느님, 힘든 삶 속에서도 제가 주님의 넘치는 은총을 받아 제 마음이 충만해지게 하소서.

3월 30일

저희 구원의 하느님,
저희를 다시 일으키소서.

시편 85,5

주님은 이스라엘 백성을 수없이 다시 일으켜 세우셨습니다. 그들이 자기네 죄를 인정하고 참회할 때마다, 하느님은 그들을 구원하러 오시어, 그들이 온전한 상태로 다시 당신과 친교를 이루도록 이끌어 주셨습니다.

이스라엘의 역사는 오늘날 우리에게 희망과 교훈을 줍니다. 즉 우리가 완전히 몰락했다 하더라도, 우리 잘못을 진심으로 뉘우치고 하느님께 부르짖으면, 그분은 우리를 다시 일으켜 세우실 것입니다.

저희를 구원하시는 주 하느님, 주님은 전능하시고 저희는 나약하오니, 주님의 힘으로 저희를 끊임없이 다시 일으켜 주소서.

3월 31일

> 하느님, 저를 구하소서.
> 목까지 물이 들어찼나이다.
>
> 시편 69.2

때때로 우리는 매우 복잡한 문제에 빠지고는 합니다. 엄청난 홍수 속에서 안전하게 헤엄을 칠 수 없듯이, 우리에게 덮친 이 엄청난 문제들 속에서 빠져나올 방법을 찾기란 쉽지 않습니다.

하지만 예수님이 하느님께 부르짖고 그분의 강력한 구원을 체험하며 부활하셨듯이, 우리도 우리를 구원해 주시고 구원해 주시려는 그분께 부르짖어야 합니다.

전능하신 하느님, 제가 크나큰 고난에 빠져 있을 때, 저를 구원하시는 하느님의 도우심을 찾도록 일깨워 주소서.

4월

4월 1일

> 당신의 집을 향한 열정이 저를 불태우고,
> 당신을 욕하는 자들의 욕이 저에게 떨어졌나이다.
>
> 시편 69,10

성모님과 요셉 성인도 모르는 사이에, 어린 예수님은 그분 아버지의 집인 성전에 머물러 계셨습니다(루카 2,41-49 참조). 예수님은 나중에 성전에서 장사꾼들을 내쫓고 성전을 기도하는 집으로 정화하셨지요(마태 21,12-17; 마르 11,15-19; 루카 19,45-48; 요한 2,13-22 참조).

예수님은 하느님과 하느님의 집에 헌신하셨을 뿐만 아니라, 하느님이 당신께로 부르시는 모든 사람에게 온전히 헌신하셨기에, 죽음을 맞이하실 수밖에 없었습니다.

하느님, 예수님이 그러하셨듯이, 저도 하느님의 일에 온전히 전념하게 하소서.

4월 2일

> 당신 종에게 은혜를 베푸소서.
> 제가 살아 당신 말씀 지키오리다.
>
> 시편 119,17

우리에게는 인생의 목적이 있어야 합니다. 그래서 우리는 소명이나 사명을 위하여, 가족이나 친구를 위하여 살아갑니다. 시편 작가는 그 목적이 하느님의 말씀을 지키는 것이라고 합니다.

또한 시편 작가는 하느님께 이 소중한 목적을 위하여 살아가도록 자신에게 은혜를 베풀어 달라고 간청합니다. 이와 마찬가지로, 우리도 고귀한 목적을 가지고 살아야 합니다. 그렇지 않으면, 그 목적은 하느님께도 우리에게도 쓸모가 없을 것입니다.

전능하신 하느님, 제가 어떤 목적을 가지고 살아야 할지 깨닫고, 특히 하느님의 말씀에 따라 살아가도록 이끌어 주소서.

4월 3일

> 의인이 몹시 불행할지라도,
> 주님은 그 모든 불행에서 구하시리라.
>
> 시편 34,20

 죄로 뒤덮인 세상에서 의인은 불행을 겪을 뿐만 아니라 학대를 당하기도 합니다. 아벨이 카인에게, 예수님이 로마인들에게 죽임을 당한 것처럼, 의인은 고난을 받기 마련입니다.

 하지만 하느님은 의인을 '그 모든 불행에서' 구해 주십니다! 이를 아시는 예수님은 기꺼이 십자가를 지고 가셨습니다. 그분이 우리에게 영원한 생명을 약속하셨기에, 우리는 부당한 대우도 받아들일 수 있습니다.

예수님, 마지막 구원의 희망을 안고 제가 받는 부당한 대우를 견뎌 내게 하소서.

4월 4일

> 당신이 저에게 생명의 길 가르치시니,
> 당신 얼굴 뵈오며 기쁨에 넘치고,
> 당신 오른쪽에서 길이 평안하리이다.
>
> 시편 16,11

 길은 여러 갈래로 갈라집니다. 어떤 길은 우리가 바라는 목적지에 이르지만, 어떤 길은 그러지 못하지요. 하느님은 당신 백성들에게 당신의 뜻을 가르치시어 생명에 이르는 길을, 현세의 덧없는 삶이 아니라 영원한 생명에 이르는 길을 보여 주십니다.

 예수님은 '당신 오른쪽에서 길이 평안하리라'는 약속을 믿고, 십자가에 매달리시기까지 하느님의 뜻을 따르셨습니다. 우리도 하느님이 약속하신 영원한 삶을 믿고, 언제나 그분의 뜻을 따라야 합니다.

하느님, 예수님을 통하여 저희에게 영원한 생명에 이르는 길을 보여 주심에 감사드리나이다.

4월 5일

> 의로우신 주님은 의로운 일을 사랑하시니,
> 올곧은 이는 그분 얼굴 뵈오리라.
>
> 시편 11,7

불의한 사람들이 죄를 짓더라도, 하느님은 우리가 모두 올곧은 사람이기를 바라십니다. 예수님이 오시기 이전에, 올곧은 사람은 성전에 들어가 하느님의 얼굴을 뵐 수 있었습니다.

그러나 예수님이 이 세상에 오시자, 의로운 사람이든 불의한 사람이든 모두가 하느님의 얼굴을 뵐 수 있었습니다. 올곧은 분이신 예수님도 부활하시어 하늘에 계신 아버지의 얼굴을 뵙게 되셨을 것입니다.

주 하느님, 제가 다른 사람들 안에서 주님을 뵙게 하시고 또 천국에서 주님을 직접 뵙는 영광을 저에게 주소서.

4월 6일

> 내 영혼아, 주님을 찬미하여라.
> 그분의 온갖 은혜 하나도 잊지 마라.
> 네 모든 잘못을 용서하시고,
> 네 모든 아픔을 없애시는 분.
> 네 목숨을 구렁에서 구해 내시고,
> 자애와 자비의 관을 씌우시는 분.
>
> 시편 103,2-4

하느님은 우리 죄를 용서하시어 우리에게 자애와 자비의 관을 씌워 주시고, 치명적인 질병이 가득한 구렁에서 우리를 구해 내십니다.

더욱 놀랍게도, 하느님은 예수님을 죽음에서 해방시키시어 당신 오른쪽에 앉히시고 영원한 생명의 관을 씌워 주셨습니다. 예수님 때문에, 그분의 충실한 제자인 우리도 영원한 생명을 바랄 수 있게 되었습니다.

하느님 아버지, 모든 경계를 초월하시는 아버지의 자애와 자비에 놀라워하며 아버지를 찬양하나이다.

4월 7일

하느님과 함께 우리가 큰일을 이루리라.
그분이 우리 원수를 짓밟으시리라.

시편 108,14

전투에서는 승리를 거두는 것이 중요합니다. 그런데 승리는 삶의 다른 영역에서도 중요합니다. 특히 죄와 죽음은 모든 인간의 적이므로, 죄와 죽음에 대한 승리를 거두는 것이 가장 중요합니다.

하느님의 아드님이신 예수님은 아버지의 도우심으로 죄와 죽음을 이기셨습니다. 따라서 예수님을 따르는 우리도 예수님처럼 죄와 죽음에서 승리할 수 있습니다.

주 예수님, 주님의 도우심으로 저희 모두가 마지막 승리를 거두게 하소서.

4월 8일

> 주님은 나의 빛, 나의 구원.
> 나 누구를 두려워하랴?
> 주님은 내 생명의 요새.
> 나 누구를 무서워하랴?
>
> 시편 27,1

두려움이란 우리의 건강과 안녕을 위협하는 사물이나 사람에 대해 나타나는 반응입니다. 하느님이 그러한 위험을 없애실 때 두려움도 사라집니다.

예수님의 제자들은 죽음을 각오하고 예루살렘으로 가시는 예수님을 두려움 속에서 따라갔지만, 예수님은 하느님이 보호하시고 지켜 주시리라고 확신하셨기에, 아무런 두려움 없이 십자가를 지러 가셨습니다.

주 예수님, 제가 두려움 없이 주님을 따르며 주님의 뜻을 이루도록 저를 도와주소서.

4월 9일

저는 의로움으로 당신 얼굴 뵈옵고,
깨어날 때 당신 모습에 흡족하리이다.

시편 17,15

참으로 의로우신 단 한 분이신 예수 그리스도는, 죽음의 잠에서 깨어나 부활하시어 하느님 아버지의 얼굴을 뵈었습니다.

예수님을 통하여 의롭게 된 우리도 확고한 희망을 지니고 있습니다. 우리 또한 죽음의 잠에서 깨어나 영원히 하느님의 얼굴을 뵐 것입니다.

주님, 제가 주님의 얼굴을 뵙게 하시고, 또한 저보다 먼저 세상을 떠난 친구와 친지들의 얼굴도 보게 하소서.

4월 10일

> 주님은 날마다 찬미받으소서.
> 우리 하느님은 구원을 베푸시는 하느님.
> 죽음에서 벗어나는 길 주 하느님께 있네.
>
> 시편 68,20.21

구약 성경에서 하느님은 당신의 충실한 백성들과 함께 전쟁을 치르셨습니다. 온 이스라엘 백성과 경건한 사람들은 하느님의 도우심으로 죽음에서 거듭 벗어났지요.

하느님 아버지는 매우 놀랍고도 경이로운 방법으로 예수님을 구원하시어, 잔혹한 죽임을 당하신 그분을 영광스러운 삶으로 일으키셨습니다.

전능하신 하느님, 예수님을 통하여 저에게 확고한 구원의 희망을 주셨으니, 저는 날마다 하느님을 찬양하리이다.

4월 11일

주님, 저는 당신만 믿고 아뢰나이다.
"당신은 저의 하느님!"
제 운명 당신 손에 달렸나이다.

시편 31,15-16

자녀의 삶은 부모의 손에 달려 있습니다. 부모는 그 손으로 자녀를 먹이고 보살피며 그들의 상처를 싸매 줍니다.

우리는 모두 은혜를 베푸시는 하느님의 손 안에 있습니다. 우리가 다른 사람들에게 상처를 입었을 때에도, 하느님은 우리를 치유하고 회복시켜 주십니다. 예수님은 이를 믿으시고 기꺼이 십자가를 지셨습니다.

전능하신 하느님, 예수님의 죽음과 부활로, 제가 어떠한 어려움 속에서도 하느님의 사랑을 굳게 믿도록 저를 이끌어 주소서.

4월 12일

> "나 참으로 비참하구나."
> 되뇌면서도 나는 믿었네.
>
> 시편 116,10

즈카르야는 가브리엘 대천사가 전하는 기쁜 소식을 믿지 않아 말을 못하게 되었습니다(루카 1,11-20 참조). 그러나 바오로 사도는 그 반대였습니다. 그는 믿었기 때문에 앞을 다시 볼 수 있게 되었지요(사도 9,1-19 참조).

예수님은 하느님 아버지가 구원해 주시기를 바라며 아버지께 간청하셨습니다. 우리도 하느님을 믿고, 고통을 받을 때 그분께 말씀드리며 도와 달라고 청해야 합니다.

하느님 아버지, 저를 믿음으로 가득 채우시어, 저의 온갖 고통과 좌절을 아버지께 솔직히 말씀드리게 하소서.

4월 13일

하느님은 내 영혼을 구원하시고,
저승의 손아귀에서 기어이 빼내시리라.

시편 49,16

하느님은 예수님을 죽음의 어둠에서 빼내시어, 당신 품으로 데려가셨습니다. 예수님도 죽음을 맞이하시기 전에, 하느님 아버지께 돌아가 아버지와 함께 살리라고 확신하셨습니다.

하느님은 예수님의 충실한 제자인 우리도 당신 품으로 데려가실 것입니다. 우리가 이를 믿으면, 죽음이 다가와도 결코 두려워하지 않게 될 것입니다.

주 하느님, 주님을 믿는 이에게는 죽음이 주님의 현존으로 들어가는 문이라고 가르쳐 주셨음에 감사드리나이다.

4월 14일

> 주님, 당신만이 저를 평안히 살게 하시니
> 평화로이 자리에 누워 잠드나이다.
>
> 시편 4,9

예수님은 하느님께 당신의 영을 맡기시며 이렇게 말씀하셨습니다. "다 이루어졌다."(요한 19,30) 그분은 하느님이 맡기신 모든 일을 완전히 마치셨습니다. 그렇기에 그분은 평화로이 잠드실 수 있었지요.

또한 예수님은 죽음을 맞이하시며 완전한 성취감만이 아니라 안정된 평화를 느끼셨을 것입니다. 하느님이 당신을 더욱더 영광스러운 삶으로 다시 일으켜 주리라고 확신하셨기 때문입니다.

주님, 제가 주님의 뜻에 맞는 일을 하게 하시고, 그 일을 성취했다는 만족감으로 밤마다 평안히 잠들게 하소서.

4월 15일

제 영혼은 흙바닥에 붙어 있나이다.
당신 말씀대로 저를 살려 주소서.

시편 119,25

기진맥진하여 쓰러지는 것과 아예 땅에 묻히는 것은 다릅니다. 그리고 다시 기운을 차리는 것과 죽음에서 다시 살아나는 것도 전혀 다르지요.

예수님은 구약 성경을 통해 메시아 곧 그리스도는 고난을 받고 죽임을 당했다가 새로운 삶으로 다시 살아나리라는 하느님의 약속을 받으셨습니다. 그리고 그분은 그 약속을 믿으셨습니다.

전능하신 하느님, 저는 하느님의 모든 약속에, 특히 영원한 생명을 주신다는 약속에 감사드리나이다.

4월 16일

울음으로 한밤을 지새워도,
기쁨으로 아침을 맞이하리라.

시편 30,6

예수님이 돌아가시자, 제자들의 삶에서 해가 졌습니다. 그들은 예수님을 애도하며 희망을 잃어버린 채 슬픔에 빠졌지요. 그들의 애도는 그분이 죽은 이들 가운데서 다시 살아나실 때까지 계속되었습니다.

밤새 울고 또 울던 마리아 막달레나는 예수님이 돌아가신 지 사흘째 되는 날 동틀 무렵, 다른 여인들과 함께 예수님의 무덤에 갔습니다. 그리고 살아 계신 그분을 뵙고는 제자들에게 그 기쁜 소식을 전하러 달려갔습니다.

주님, 아침 해가 뜰 때마다 주님의 부활을 생각하며 기쁨과 희망으로 가득 차게 하소서.

4월 17일

주님께 바라고 또 바랐더니,
나를 굽어보시고,
외치는 내 소리 들어 주셨네.
나를 멸망의 구렁에서,
더러운 수렁에서 꺼내 주셨네.

시편 40,2-3

성조 요셉은 빈 구덩이에 던져졌다가 노예로 팔렸습니다. 그러나 하느님은 그 사건을 이용하시어, 요셉을 팔아 넘겼던 요셉의 형제들을 구원하셨습니다(창세 37~45장 참조).

하느님은 예수님의 인내와 기도에 응답하시어 그분을 무덤에서 다시 일으키셨습니다. 그리고 예수님을 따르고자 하는 모든 사람을 위하여 예수님이 영원한 구원의 근원이 되게 하셨습니다.

전능하신 주 하느님, 제가 온갖 일에 시달릴 때 주님께 기도하고 인내하며 주님의 응답을 기다리도록 도와주소서.

4월 18일

> 주님, 당신을 높이 기리나이다.
> 당신은 저를 구하시어,
> 원수들이 저를 보고
> 기뻐하지 못하게 하셨나이다.
>
> 시편 30,2

성금요일에 예수님의 원수들은 그분에게 완전히 승리한 것처럼 보였습니다. 그러나 부활 주일에 그들이 완전히 패배했다는 것이 드러나지요.

우리는 우리를 해치는 사람들을 일시적으로나 겉으로만 이기려고 해서는 안 됩니다. 만약 우리의 영혼이 피해를 입는다면, 우리의 원수들이 승리하게 되는 것이기 때문입니다.

주 하느님, 예수님이 당신을 죽음에 이르게 한 원수들에게 반격하지 않고 주님의 도우심을 기다리신 것처럼, 저도 예수님을 본받아 그렇게 살게 하소서.

4월 19일

주님이 나를 돕지 않으셨다면,
내 영혼은 침묵의 땅속에 누웠으리라.
주님, 당신 자애로 저를 일으켜 주셨나이다.

시편 94,17.18

삶에는 소리가 납니다. 우리가 깊이 잠들어 있을 때에도 숨소리가 들리지요. 그러나 죽음으로 모든 소리는 그칩니다.

예수님이 죽음을 맞이하셨을 때, 하느님 아버지는 그분을 죽음의 침묵에 버려두지 않으셨습니다. 하느님은 그분을 다시 살리셨습니다. 그리하여 예수님과 제자들이 주님께 기쁜 노래를 부르게 되었습니다.

주 하느님, 주님께서 피조물들에게 주신 삶, 그 삶이 고동치는 모든 소리를 저에게 들려주소서.

4월 20일

> 그가 당신께 살려 달라 빌었더니,
> 영영 세세 긴긴날을 주셨나이다.
>
> 시편 21.5

우리는 그저 살아 있다는 사실에, 삶이 우리의 소유라는 주제넘은 생각을 하기도 합니다. 그러나 우리는 자기 자신에게 생명을 줄 수도 없고 무한히 살 수도 없지요.

하느님의 아드님은 자신의 생명이 하느님 아버지에게서 왔다는 것을 아셨습니다. 그렇기에 그분은 아버지께 생명을 간청하시어 영원한 생명을 받으셨습니다.

하느님 아버지, 저는 더 오래 건강하게 살기 위해 식이 요법과 운동을 하오나, 그 무엇보다도 아버지께 영원한 생명을 바라나이다.

4월 21일

> 주님께 노래하여라, 새로운 노래.
> 그분이 기적들을 일으키셨네.
> 그분의 오른손이, 거룩한 그 팔이
> 승리를 가져오셨네.
>
> 시편 98,1

주님이 하시는 일은 언제나 경외심을 불러일으킵니다. 주님은 이스라엘을 이집트에서 해방시키시고, 약속의 땅에 정착시키시고, 그들을 유배 생활에서 돌아오게 하시는 등 많은 놀라운 일들을 하셨습니다.

이 모든 것을 뛰어넘는 위업은 예수님을 죽은 이들 가운데서 다시 살리신 부활입니다. 이 놀라운 위업에 우리는 완전히 새로운 노래를 부릅니다.

주님, 저를 완전히 새롭게 하시어, 제가 새로운 찬양 노래를 부르게 하소서.

4월 22일

> 당신 자애로 저는 기뻐하고 즐거워하리이다.
> 당신은 가련한 저를 굽어보시어,
> 제 영혼의 곤경을 살펴 아시고,
> 저를 원수의 손에 넘기지 않으셨나이다.
>
> 시편 31,8-9

예수님에게는 많은 원수들이 있었습니다. 그 가운데서 가장 사악한 원수는 사탄이었지요. 사탄은 그분을 파멸의 길로 내몰기 위해 하느님께 순종하지 말라며 예수님을 유혹했습니다.

그러나 사탄은 성공하지 못했습니다. 예수님은 끝까지 하느님 아버지의 뜻을 이행하셨지요. 그리하여 하느님은 그분을 죽은 이들 가운데서 일으키시어 당신 오른편에 앉히셨습니다.

하느님, 저를 믿음으로 가득 채워 주시고, 사악한 원수의 공격에서 저를 지켜 주소서.

4월 23일

> 당신은 그 마음의 소원 이루어 주시고,
> 그 입술의 소망 내치지 않으셨나이다.
>
> 시편 21,3

예수님은 당신 자신과 제자들을 위하여 기도하셨습니다. 그분은 또한 십자가 위에서도 당신을 죽이려는 자들을 위하여 기도하셨습니다. "아버지, 저들을 용서해 주십시오."(루카 23,34)

하느님이 예수님의 기도에 응답하셨고, 그분을 핍박한 자들에게 회개의 기회를 주셨습니다. 예수님의 처형을 감독한 백인대장이 처음으로 회개했지요. 그는 예수님이 하느님의 아드님이심을 인정했습니다.

성령님, 제 입으로 하느님의 마음에 드는 기도를 올리게 하소서.

4월 24일

주님이 시온을 귀양에서 풀어 주실 때,
우리는 마치 꿈꾸는 듯하였네.

시편 126,1

바빌론 유배가 끝나고 많은 이스라엘 사람들이 조국으로 돌아왔을 때, 그들은 어떻게 그런 일이 일어났는지 믿기지 않았습니다. 마치 꿈을 꾸는 것 같았지요.

예수님은 당신이 다시 살아나리라고 말씀하셨지만, 제자들은 여인들이 전한 예수님의 부활 소식을 믿지 못했습니다. 그들은 여인들이 그분의 부활을 마치 꿈을 꾸듯이 상상한 것이라고 여기며 무시했습니다.

전능하신 주 하느님, 주님께는 모든 것이 가능하오니, 주님께서 바라시는 것은 무엇이든 제 삶에서 이루어지게 하소서.

4월 25일 　　　　　　　　　　　성 마르코 복음사가 축일

행복하여라,
축제의 기쁨을 아는 백성!
주님, 그들은 당신 얼굴 그 빛 속을 걷나이다.

시편 89,16

눈먼 바르티매오는 시력을 찾아 주신 예수님과 함께 기뻐했습니다. 그가 치유를 받고 처음으로 본 것은 예수님의 얼굴이었지요. 눈을 뜨게 된 바르티매오는 예수님의 죽음과 부활에 이르는 길을 함께 걸었습니다(마르 10,46-52 참조).

영적으로 눈을 뜬 사람들에게 예수님은 빛이십니다. 그러기에 그들은 넘어지지 않고 죽음과 부활의 길을 힘차게 걸어갈 수 있습니다.

하느님, 참빛이신 예수님을 따르는 저희가 예수님의 빛으로 눈을 뜨고 이제와 영원히 하느님을 선포하게 하소서.

4월 26일

> 주님은 당신 이름과 말씀을
> 만물 위로 높이셨나이다.
> 제가 부르짖던 날,
> 당신이 응답하셨나이다.
>
> 시편 138,2-3

십자가 위에서 예수님이 하느님 아버지께 부르짖으셨을 때, 하느님이 응답하시어, 죽은 이들 가운데서 그분을 다시 일으키셨습니다. 그리하여 하느님은 '아버지'로 찬양을 받으시고, 하느님의 말씀이신 예수님은 그 '아드님'으로 찬양을 받으십니다.

예수님이 그러하셨듯이, 예수님의 부활을 믿는 우리도 우리가 필요한 때나 고통받을 때, 특히 죽음을 맞이하는 순간에 하느님께 부르짖어야 합니다.

사랑하는 하느님 아버지, 예수님께 응답해 주셨듯이, 제가 온 마음으로 부르짖을 때에 저에게 응답해 주소서.

4월 27일

이날은 주님이 마련하신 날,
이날을 기뻐하며 즐거워하세.

시편 118,24

주님은 날마다 온 세상을 당신의 권능으로 유지하십니다. 주님만이 죽음에서 생명을 가져오실 수 있지요. 그분은 부활 주일에 생명을 가져오셨습니다. 그 누구도 그리할 수 없습니다.

부활 주일은 하느님의 위대하신 권능과 사랑을 드러내며 죽음을 초월하는 희망으로 우리의 마음을 가득 채워 주는, 그 어디에도 비길 수 없는 기쁨의 대축일입니다.

주님, 주님께서 부활 주일에 저희에게 주신 기쁨이 일년 내내 날마다 흘러넘치게 하소서.

4월 28일

당신은 저의 비탄을 춤으로 바꾸시고,
제 자루옷 벗겨 저를 기쁨의 띠로 두르셨나이다.
주 하느님, 영원히 당신을 찬송하오리다.

시편 30,12.13

예수님은 죽음을 맞이하시기 전에 당신 제자들이 당신을 다시 뵙고 기뻐할 것이라고 약속하셨습니다(요한 16,22 참조). 어머니의 산고가 새로 태어난 아기를 안는 기쁨으로 변하듯이, 제자들의 슬픔은 부활 주일에 이르러 기쁨으로 변했지요.

하느님이 예수님의 부활로 우리의 슬픔의 근원을 없애 주셨으므로, 우리는 기쁨의 흰옷을 입고 하느님께 흘러넘치는 찬양을 드려야 합니다.

주님, 제 기쁨을 밖으로 드러내도록 저를 도우시어, 제 기쁨으로 슬퍼하는 사람들의 마음을 들어 높이게 하소서.

4월 29일   시에나의 성녀 가타리나 동정 학자 기념일

> 한 사람을 그들 앞에 보내셨으니,
> 종으로 팔려간 요셉이라네.
> 사람들이 그의 발에 족쇄 채우고
> 목에는 쇠사슬 옭아매었네.
> 마침내 그의 말이 들어맞았네.
>
> 시편 105,17-19

성조 요셉은 이집트에서 종살이를 하다가 해방되었습니다. 그의 인생 역정은 이스라엘의 종살이와 해방을 미리 보여 주었지요.

예수님은 고난을 받으시고 죽음을 맞이하셨습니다. 그리고 당신이 예언하신 대로, 하느님은 그분을 죽음의 사슬에서 해방시키셨습니다. 예수님의 죽으심과 부활은 당신과 관계를 맺고 하느님을 아버지라 부르는 모든 사람들의 삶을 미리 보여 주신 것입니다.

예수님, 제가 참으로 하느님 아버지의 자녀가 되고 영원한 생명의 상속자가 되게 하소서.

4월 30일

주님이 드높은 성소에서 내려다보시고,
하늘에서 땅을 굽어보시리니,
포로의 신음을 들으시고,
죽음에 붙여진 이들을 풀어 주시리라.

시편 102,20-21

우리가 유혹과 죄에 굴복하면, 우리는 악령의 포로가 되고 맙니다. 우리와 하느님의 관계를 해치는 죄는 결국 죽음, 우리 영혼의 죽음을 불러오지요.

예수님은 공생활을 시작하시면서, 하느님이 당신에게 기름을 부으시어 포로들을 해방하게 하셨다고 선언하셨습니다(루카 4,18 참조). 그분은 돌아가시고 부활하시어 인류의 목을 조이는 악령의 사슬을 끊어 버리셨습니다.

주님, 저의 탄식을 들으시어, 저를 죄와 죽음의 사슬에서 풀어 주소서.

5월
성모 성월

5월 1일   노동자 성 요셉

> 당신 하신 일을 당신 종들에게,
> 당신 영광을 그 자손들 위에 드러내소서.
>
> 시편 90,16

하느님의 모습으로 창조된 우리는 하느님이 만물을 창조하실 때처럼 일을 해야 합니다. 하지만 우리가 하는 일은 그분의 영광스러운 작품을 희미하게 반영할 뿐입니다.

우리가 지금 하느님의 작품을 더욱더 분명하게 볼 수 있다면 얼마나 좋겠습니까? 하느님이 만물을 재창조하시어, 당신의 영광스러운 작품인 새 하늘과 새 땅을 우리에게 곧바로 드러내 주시면 얼마나 좋겠습니까?

주님, 저희가 일상에서 하는 노동이 주님이 하시는 일과 조화를 이루게 하시어, 주님의 새로운 창조의 길을 닦게 하소서.

5월 2일

> 일어나소서, 하느님.
> 당신의 소송을 친히 이끄소서.
> 생각하소서,
> 어리석은 자 날마다 당신을 깔보나이다.
>
> 시편 74,22

삶의 문제에 대해 하느님의 뜻을 식별하는 것은 중요합니다. 우리는 하느님의 동반자로서 세상의 좋은 것을 발전시켜 나가며, 하느님의 이름으로 행동해야 하지요.

때때로 하느님은 당신의 대의를 수호하시는 일에 더디신 것처럼 보이기도 합니다. 하지만 그분은 당신이 사랑하시는 사람들을 위해 그들이 실수하더라도 참고 계시는 것입니다.

주 하느님, 올바른 일에 제 마음과 생각을 열어 주시는 주님을 찬양하나이다. 이를 이해하지 못하는 사람들이 있더라도 제가 그들을 인내하고 사랑하게 하소서.

5월 3일 성 필립보와 성 야고보 사도 축일

주님, 저희 주님,
온 땅에 당신 이름, 이 얼마나 크시옵니까!

시편 8,2

우리는 다른 사람들에게 인정받기를 간절히 원합니다. 그러나 예수님은 오직 하느님의 이름을 널리 전하기 위하여 사셨지요. 그분은 이렇게 말씀하셨습니다. "저는 그들에게 아버지의 이름을 알려 주었고 앞으로도 알려 주겠습니다."(요한 17,26)

예수님은 하느님의 이름 '아버지'를 전하셨으며, 아버지가 아무런 조건 없이 우리를 온전히 사랑하신다는 것을 알게 해 주셨습니다.

하느님 아버지, 저에게 은총을 베푸시어, 제가 다른 모든 것에 앞서 아버지의 크신 이름을 열렬히 전하게 하소서.

5월 4일

주님이 차려입고 권능의 띠를 두르셨네.

시편 93,1

하느님은 스스로 권능의 옷을 입으시고, 이스라엘을 원수들에게서 구원하셨으며, 예수님을 죽음의 구렁에서 구해 내셨습니다.

우리는 세례 때 흰옷을 입으며, 하느님이 우리에게 그리스도를 입혀 주셨다는 사실을 드러냅니다. 그리스도가 우리의 옷으로 머물러 계시면, 하느님은 죽어 없어질 우리의 본성에 불멸의 옷을 입혀 주실 것입니다.

하느님, 제가 무엇을 입을까 걱정하지 않도록, 저에게 연민과 자비, 겸손과 온유와 인내의 옷을 입혀 주소서.

5월 5일

> 주님이 우리에게 큰일을 하셨기에,
> 우리는 기뻐하였네.
>
> 시편 126,3

바오로 사도는 예수님이 우리의 죄 때문에 돌아가시고 묻히셨으며, 성경 말씀대로 사흘날에 되살아나셨다고 가르쳤습니다(1코린 15,3-4 참조). 바꾸어 말하면, 예수님은 당신 자신이 아니라 바로 우리를 위하여 돌아가시고 부활하신 것입니다.

시편 작가가 노래하듯이, 우리는 이러한 구원과 우리를 위하여 이토록 위대한 일을 하신 하느님의 크나큰 사랑에 기뻐합니다.

주 예수님, 어떠한 어려움 속에서도 주님 부활의 신비에서 오는 기쁨을 잃지 않게 하소서.

5월 6일

백성들아, 우리 하느님을 찬미하여라.
찬양 노래 울려 퍼지게 하여라.
그분이 우리 영혼에 생명을 주셨네.

시편 66.8-9

하느님은 죽음을 만들지 않으셨습니다. 죽음은 악마의 시기와 인간의 죄로 세상에 들어왔지요.

하느님은 인간의 삶을 지키시고 들어 높이고자 하십니다. 그러기에 그분은 이스라엘을 거듭 구원하셨지요. 그리고 예수님을 통하여 우리를 구원하셨고, 우리가 이제와 영원히 풍요로운 삶을 누리게 해 주셨습니다.

전능하신 하느님, 예수님을 통하여 저희 삶을 지켜 주셨으니, 하느님을 찬양하나이다.

5월 7일

> 사냥꾼의 그물에서
> 우리는 새처럼 벗어났네.
> 그물은 찢어지고,
> 우리는 벗어났네.
>
> 시편 124.7

우리는 죽음의 고비에서 '구사일생'으로 살아난 사람들의 이야기를 듣습니다. 그들이 그러한 고비를 넘긴 것이 그저 놀랍기만 하고 하느님께 감사드릴 뿐이지요.

시편 작가는 누가 궁극적으로 죽음을 피할 수 있는지 묻습니다. 그런데 예수님은 죽음을 이기셨습니다. 그리하여 그분은 하느님을 믿는 모든 사람의 맏이이자 으뜸이 되셨습니다.

주 하느님, 커다란 위험에서 저를 건져 주신 주님께 감사드리나이다.

5월 8일

바다가 보고 달아났으며,
요르단이 뒤로 돌아섰네.
산들은 숫양처럼 뛰어다니고,
언덕들은 어린 양처럼 뛰놀았네.

시편 114,3-4

하느님이 이스라엘을 이집트에서 데리고 나와 약속의 땅으로 이끄실 때 모든 피조물이 그분의 해방과 구원 계획에 협력한 것처럼 보입니다. 바다와 언덕들이 하느님의 백성에게 길을 내주었지요.

예수님의 제자들인 우리도 하느님의 백성입니다. 하느님이 우리를 죽을 몸에서 일으키시어 예수님의 영광스러운 몸처럼 만들어 주실 때, 온 만물이 하느님의 권능에 길을 내어 줄 것입니다.

하느님 아버지, 제가 제 몸을 소중히 하며, 아버지께서 제 육신을 영광스럽게 만들어 주실 그 때를 준비하게 하소서.

5월 9일

아, 주님,
저는 당신의 종.
저는 당신의 종, 당신 여종의 아들.
당신이 제 사슬을 풀어 주셨나이다.

시편 116,16

죄와 죽음은 타락한 인간 존재보다 더 강합니다. 그리하여 타락한 인간들은 죄와 죽음의 종이 되지요.

그러나 우리는 하느님의 여종인 교회의 자녀입니다. 우리가 날마다 그리스도께 순종하면, 우리는 하느님의 종이 될 것입니다. 그리하여 우리가 바라는 좋은 일들을 할 수 있는 완전한 자유를 경험할 것입니다.

주 예수님, 주님의 은총으로 저를 도우시어, 저의 진정한 주인이신 주님만을 온전히 섬기게 하소서.

5월 10일

> 그들은 그분께 마음을 굳건히 두지 않고,
> 그분 계약에 충실하지 않았네.
> 그래도 그분은 자비로우시어,
> 죄인들을 용서하시고 멸망시키지 않으셨네.
>
> 시편 78,37-38

이스라엘 백성은 그들을 사랑하시고 구원하신 주님께 종종 반항했습니다. 하지만 주님은 그들을 파멸시키지 않으시고 오히려 그들의 잘못을 용서해 주셨지요.

이와 마찬가지로 그들은 하느님이 보내신 예수님을 십자가에 못 박아 죽였지만, 하느님은 그들을 없애지 않으시고, 오히려 그들을 신앙과 회개의 길로 부르셨습니다.

주 하느님, 주님의 연민으로 저를 돌보시어, 저의 잘못을 용서하시고, 제가 언제나 주님과의 새로운 계약에 충실하게 하소서.

5월 11일

> 당신 뜻에 따라 저를 이끄시고,
> 훗날 영광으로 저를 받아들이시리이다.
>
> 시편 73,24

하느님은 예수님을 통하여 우리에게 매우 특별한 조언을 해 주셨습니다. 이를테면, 참으로 생명을 얻으려는 사람은 자기 목숨을 버려야 한다고 말씀하셨지요(마태 16,25; 마르 8,35; 루카 9,24 참조). 이 말씀은 우리가 영광을 얻는 데 핵심이 되는 조언입니다.

예수님의 모든 가르침은 우리의 구원을 위한 것입니다. 그러므로 양들이 목자를 따르듯이 우리는 그분을 따라야 합니다.

주 예수님, 곤경과 고난의 시기를 겪더라도 제가 주님을 충실히 따르게 하시어, 끝까지 영광의 희망을 간직하게 하소서.

5월 12일

> 환호 소리 가운데 하느님이 오르신다.
> 나팔 소리 가운데 주님이 오르신다.
>
> 시편 47.6

예수님이 하늘로 승천하실 때 우리를 버리신 것이 아닙니다. 예수님은 하느님의 오른편에 앉으시어 우리의 변호자가 되시고 우리에게 성령을 부어 주시려고 하늘로 오르신 것입니다.

예수님이 영광 속에 들어 높여질 때, 우리 또한 영광스러워질 것입니다. 지상의 그 어떠한 영광도 이러한 천상의 영광에 비길 수 없으므로, 우리는 지상의 영광을 얻으려고 안달해서는 안 됩니다.

주 예수님, 제가 '높은 자리에 있는 사람들'의 도움을 바라기보다, 언제나 권능에 찬 주님의 도우심만을 바라게 하소서.

5월 13일   파티마의 복되신 동정 마리아

> 하늘에 해를 위해 천막 치시니,
> 해는 신방에서 나온 신랑 같고,
> 용사처럼 길을 달리며 즐거워하네.
>
> 시편 19,5-6

거룩한 땅의 기브온에서(여호 10,12 참조) 그리고 포르투갈의 파티마에서 일어난 태양의 특이 현상은 하느님이 직접 개입하셨다는 표지로 보입니다.

그리스도인들은 언제나 이 시편을 예수님에 대한 노래로 이해해 왔습니다. 예수님은 교회의 신랑이시기 때문이지요. 태양이 우리 삶에 중요하듯이, 예수님은 우리 삶에 절대적으로 필요하신 분입니다.

하느님 아버지, 날마다 뜨고 지는 태양을 통해 성자 예수님의 죽음과 부활을 일깨워 주소서.

성 마티아 사도 축일 — 5월 14일

> 누가 우리 하느님이신 주님 같으랴?
> 드높은 곳에 좌정하신 분,
> 하늘과 땅을 굽어보시는 분.
>
> 시편 113,5-6

하느님은 매우 위대하시지만, 이스라엘 백성에게 하셨듯이, 당신이 창조하신 모든 피조물을 굽어살피고 도와주십니다. 당신을 낮추시는 이러한 모습은 하느님만의 특별한 표지입니다.

하느님은 또한 성자 예수님 안에서 당신을 완전히 낮추셨습니다. 예수님은 제자들을 섬기셨으며, 자신이 그러했듯이 제자들에게도 서로 섬기라고 이르셨습니다(요한 13,13-15 참조).

인자하신 하느님, 제 자신을 낮추어 형제자매들을 섬길 수 있는 용기를 저에게 주소서.

5월 15일

주 하느님의 어지심을 저희 위에 내리소서.
저희 손이 하는 일에 힘을 주소서.
저희 손이 하는 일에 힘을 실어 주소서.

시편 90,17

우리는 노동을 하여 생계를 유지하고, 때로는 노동으로 우리 자신을 표현하기도 합니다. 그렇기에 두 사람이 서로 같은 일을 한다고 해도 결코 똑같아지지는 않지요.

어떤 사람들은 정신노동을 주로 하고, 어떤 사람들은 육체노동을 주로 합니다. 어떤 일에서든 우리가 최선의 노력을 기울이겠지만, 결국 그 일을 성공하게 해 주시는 분은 바로 하느님이심을 잊지 말아야 합니다.

전능하신 하느님, 제가 거둔 모든 성공에 감사드리며, 그 일들로 하느님께서 영광을 받으시기를 진심으로 바라나이다.

5월 16일

주님께서 내 주께 이르셨나이다.
"내가 너의 원수들을 너의 발판으로 삼을 때까지
너는 내 오른쪽에 앉아 있어라."
주님이 당신 권능의 왕홀을
시온에서 뻗치시리이다.

시편 110,1-2

하느님은 우리에게 메시아가 당신의 어좌 오른편에 앉아 하느님의 나라를 함께 다스리실 것이라고 약속하셨습니다. 그리고 예수님이 하늘로 승천하셨을 때 그 약속이 이루어졌지요.

그리하여 사도들은 이 기쁜 소식을 예루살렘에서부터 땅끝까지 전하며, 예수님 사랑의 힘으로 그분의 원수들까지도 이겨 냈습니다.

주 예수님, 저의 가족과 친척, 친구들에게 진실된 사랑의 말과 행동을 함으로써 주님을 전하게 하소서.

5월 17일

하늘 위에 당신 영광 높사옵니다.

시편 8.2

하느님이 하늘과 땅을 창조하실 때부터 온 하늘이 하느님의 위엄을 찬양했습니다. 그리고 지금도 하늘과 땅의 아름다움이 그분의 영광을 전하지요.

하느님이 당신 아드님을 당신 오른편에 앉히실 때, 스스로 모든 하늘 위에 위엄을 세우셨습니다. 천사들은 그 이래로 온 하늘 위에 메시아이신 예수님을 찬양해 왔습니다.

하느님 아버지, 아버지의 은총으로 때가 왔을 때, 아버지께서 예수님과 함께 앉아 계시는 어좌 둘레에서 저희가 예배를 드리게 하소서.

5월 18일

> 당신 손으로 지으신 작품들을 다스리게 하시고,
> 만물을 그 발아래 두셨나이다.
>
> 시편 8.7

하느님은 인간에게 당신이 만드신 피조물들을 관리하며 다스리게 하셨습니다. 그러나 그분은 모든 피조물의 구원자이신 예수님의 발아래 모든 것을 두셨습니다.

예수님은 당신 어좌에서 온유하게 모든 사람을 당신께 승복시키시어, 우리가 사탄의 세력에서 벗어나게 해 주시고, 하느님의 영원한 나라에 살도록 우리를 준비시켜 주셨습니다.

주 하느님, 온 마음과 정신으로, 모든 생각과 행동으로 오직 주님만을 섬기게 하소서.

5월 19일

> 당신의 나라는 영원무궁한 나라,
> 당신의 통치는 모든 세대에 미치나이다.
>
> 시편 145,13

이 세상의 임금들이 다스렸던 나라 중에 모든 세대에 걸쳐 지속되어 온 나라가 있습니까? 그런 나라는 없습니다. 지상의 어떠한 나라가 영원히 지속되기를 바랄 수 있겠습니까?

그러나 예수님이 아버지와 함께 다스리시는 나라는 영원히 지속될 것이며, 그분의 나라에 들어가는 모든 사람 또한 영원한 생명을 받을 것입니다.

하느님 아버지, 아버지의 은총으로 당신 아드님과 함께 영원한 나라에 들어가 영원히 머물게 하소서.

당신의 왕홀은 공정의 홀이옵니다.

시편 45,7

임금이나 지도자들 중에는 사람들을 위하여 올바르게 써야 할 지위와 권력을 종종 자기 자신의 이익을 위하여 행사하는 이들이 있습니다.

하지만 하느님의 어좌에 앉아 계신 예수님은 그러한 부류의 임금이 아니십니다. 예수님은 옳은 일을 보장하기 위하여 그리고 우리 한 사람 한 사람을 위하여 당신의 왕홀과 권력을 사용하시면서, 언제나 우리를 따뜻하게 대하십니다.

예수님, 모든 사람을 정의롭고 따뜻하게 대할 수 있도록 저를 이끌어 주소서.

5월 21일

> 하늘로 올라가도 거기 당신이 계시나이다.
>
> 시편 139,8

하늘로 올라간다는 것은 등산을 하듯이 뛰어난 능력과 커다란 노력이 필요한 것이 아닙니다. 하늘로 올라가려면 하느님에 대한 믿음이 필요하고, 아버지께 충실하여 하늘로 오르셨던 예수님에 대한 믿음이 필요합니다.

하느님이 우리를 당신 권능으로 하늘에 들어 올리실 때, 우리는 우리보다 앞서가시어 우리의 영감과 희망이 되어 주신 예수님과 결합할 수 있을 것입니다.

전능하신 하느님, 예수님이 그러하셨듯이 제 자신을 낮추어 다른 사람을 겸손되이 섬기게 하시며, 하느님에 대한 깊은 믿음으로 하늘에 오를 수 있게 하소서.

5월 22일

> 당신이 숨을 보내시면 그들은 창조되고,
> 온 누리의 얼굴이 새로워지나이다.
>
> 시편 104,30

하느님은 사람들에게 새로운 영, 곧 성령을 보내시어 새로운 계약을 맺겠다고 하셨습니다. 이 약속은 성령 강림 때 처음으로 이루어졌으며, 세례 때 우리 한 사람 한 사람에게 일어납니다.

하느님은 당신을 받아들이려고 마음을 여는 모든 사람에게 아무런 차별 없이 성령을 주십니다. 그리고 인류는 성령을 통해 일치를 이루게 됩니다. 그리하여 시편 작가가 노래하듯이, 온 누리의 얼굴이 새로워질 것입니다.

하느님, 성령을 보내시어, 제가 새로운 얼굴로 다른 사람들을 따뜻하게 맞이하고 자비를 베풀게 하소서.

5월 23일

> 당신 앞에서 저를 내치지 마시고,
> 당신의 거룩한 영을 제게서 거두지 마소서.
>
> 시편 51.13

하느님이 첫 사람에게 당신의 숨을 불어넣으시니, 사람이 생명체가 되었습니다. 하느님의 숨결이 생명의 근원이 되었으며, 그 어디에도 비할 데 없는 사람의 생명이 되었지요.

만약 하느님이 당신의 숨결을 우리에게서 거두어 가시거나 우리가 그분의 숨결을 몰아낸다면, 우리는 인간으로서의 모습을 잃고 추락하여 소멸할 것입니다.

전능하신 하느님, 저희가 언제나 하느님의 숨결을 간직하며 살아가게 하소서.

5월 24일

> 당신이 주시는 기쁨의 강물을 마시나이다.
> 정녕 당신께는 생명의 샘이 있나이다.
>
> 시편 36,9-10

예수님은 목마른 사람에게 당신에게서 흘러나오는 생명의 물을 마시라고 권유하시면서, 당신이 영광을 받으실 때 보내실 성령을 언급하셨습니다(요한 7,37-39 참조).

우리가 몹시 목마를 때 에너지를 다시 얻으려면 물을 마셔야 합니다. 우리가 그리스도인으로 살면서 혹여 생기를 잃고 다른 사람을 사랑하거나 용서할 수 없게 될 때, 기도와 성사를 통하여 우리를 성령의 물로 가득 채울 수 있습니다.

주 예수님, 날마다 주님 성령의 물로 저를 채워 주소서.

5월 25일

> 그들이 므리바 샘에서 그분을 노엽게 하여
> 모세가 속이 뒤집혔네.
>
> 시편 106,32.33

하느님은 이스라엘 백성에게 광야에서 물을 주셨지만, 그들은 하느님을 의심하고 그분께 반항했습니다. 그들은 하느님께 순종하지 않았지요.

처음에는 예수님이, 이어서 베드로 사도가, 하느님은 당신께 순종하는 사람들에게 성령을 주신다고 가르쳤습니다(사도 5,32 참조). 하느님이 이끄시는 대로 행동하고자 마음을 먹으면서도 그것을 실천하기 어려워하는 사람들을 성령이 도와주십니다.

주님, 순종과 겸손의 은총을 저에게 주시어, 성령의 도우심을 받게 하소서.

5월 26일

당신 숨결을 피해 어디로 가리이까?
당신 얼굴을 피해 어디로 달아나리이까?

시편 139,7

성령은 모든 것을 꿰뚫어 보시며, 우리 마음속 깊은 곳까지도 다 아십니다. 그러기에 성령은 우리 한 사람 한 사람을 우리가 스스로를 아는 것보다도 훨씬 더 잘 아시지요. 그분은 우리에게 우리를 밝혀 주십니다.

하느님은 우리의 원의를 잘 아십니다. 그리하여 성령은 우리 안에서 기도하시며 우리가 말로 표현하는 것보다 더욱 완벽하게 우리를 위하여 전구해 주십니다.

성령님, 제 자신에 대해 알아야 할 것을 저에게 가르쳐 주시고, 제가 마땅히 바쳐야 할 기도를 바치도록 저를 이끌어 주소서.

5월 27일

> 제가 부르짖던 날, 당신이 응답하시고
> 저를 당당하게 세우시니,
> 제 영혼에 힘이 솟았나이다.
>
> 시편 138,3

우리의 영혼이 나약해질 때가 있습니다. 그럴 때 성령은 우리 영혼에 힘을 전해 주십니다.

사실, 예수님은 소심했던 당신의 사도들에게 위에서 오는 권능으로 옷을 입혀 주시겠다고, 곧 성령을 보내주시겠다고 말씀하셨습니다. 그리고 우리는 사도행전을 통해 사도들이 얼마나 강해졌는지를 볼 수 있습니다.

하느님 아버지, 저는 나약하고 종종 혼란을 겪사오나, 아버지께서 용기 있게 복음을 선포하도록 사도들을 이끌어 주셨듯이 저를 이끌어 주소서.

5월 28일

> 제 정신이 아뜩해질 때
> 제가 갈 길 당신은 아시나이다.
>
> 시편 142,4

성령은 우리 영혼에게 우리는 하느님의 자녀이자 상속자이기에, 우리가 예수님을 따라 고난을 받으면, 우리도 예수님과 함께 영원히 살게 될 것이라고 말씀하십니다.

성령은 우리를 공포와 예속으로 이끌지 않으십니다. 그분은 우리가 하느님을 "아빠, 아버지!"라고 부르며 우리가 사랑과 용기를 지닐 수 있도록 이끌어 주십니다.

하느님, 저는 늘 부족하오니, 제가 두려워하지 않고 사랑과 용기를 지닐 수 있도록 저에게 성령을 보내 주소서.

5월 29일

나는 온몸으로 아뢰리라.
"주님, 누가 당신 같으오리까?"

시편 35,10

하느님은 유일무이하신 분입니다. 모세와 다윗 임금과 솔로몬 임금이 이를 천명했고, 이사야 예언자를 통하여 그분 친히 그렇게 말씀하셨지요. 그리고 신약 성경은 그 이유를 분명하게 보여 줍니다. 오직 한 분뿐이신 하느님은 똑같은 하느님이신 세 위격의 공동체이십니다.

또한 하느님은 동시에 인간을 당신의 모상으로 창조하셨습니다. 따라서 우리가 다른 사람들과 친밀하게 사는 공동체 생활 안에 삼위일체이신 하느님의 모습이 새겨져 있다고 할 수 있습니다.

주님, 제가 제 안으로만 들어가지 않고 끊임없이 다른 사람들에게 다가가게 하소서.

5월 30일

> 주님은 말씀으로 하늘을 여시고,
> 당신 입김으로 천상 만군 만드셨네.
>
> 시편 33,6

하느님 아버지는 모든 것을 창조하셨습니다. 그러나 아버지는 당신의 말씀으로 또 당신의 숨결 곧 성령으로 도움을 받으셨지요. 삼위일체이신 하느님의 위격들은 창조 때 함께 일하셨으며, 지금도 서로 친교를 이루고 계십니다.

우리는 교회에서뿐만 아니라 교회의 경계를 넘어 일치와 협력을 이루도록 부르심을 받고 있습니다. 이 세상이 잘 돌아가려면 모든 사람의 노력과 협동이 필요합니다.

지극히 복되신 삼위일체 하느님, 온 인류가 세상의 행복을 위하여 서로 협동하고 일치하도록 가르치시고 이끌어 주소서.

복되신 동정 마리아의 방문 축일

> 저는 지체 없이 서둘러
> 당신 계명을 지키나이다.
>
> 시편 119,60

성모님은 사촌 엘리사벳이 아기를 가졌다는 소식을 듣고, 서둘러 엘리사벳을 도우러 가셨습니다(루카 1,39-45 참조). 그분은 자신의 임신은 고려하지도 않으셨지요. 그냥 묻지도 않고, 엘리사벳의 필요에 응답하셨습니다.

예수님은 착한 사마리아인의 비유(루카 10,29-37 참조)를 통하여, 우리가 곤경에 처한 사람들을 기꺼이 도와야 한다고 하셨습니다. 또한 우리가 몹시 곤란해지더라도 그들을 돕는 것이 우리 이웃을 사랑하라는 하느님의 계명을 지키는 것이라고 일러 주셨습니다.

예수님, 제가 곤경에 처한 사람들을 사랑하게 하시고 저에게 그들을 도울 수 있는 용기를 주소서.

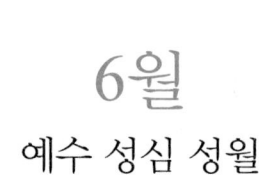

6월
예수 성심 성월

6월 1일

주님을 사랑하는 이들아, 악을 미워하여라.
그분은 당신께 충실한 이들의 목숨을 지키시고,
악인들의 손아귀에서 그들을 구해 주신다.

시편 97,10

에덴동산에 있던 먹음직스러운 열매처럼 죄악은 흔히 탐스럽게 보입니다. 그러기에 우리는 하느님을 사랑하면서도 죄악에 빠져들기가 쉽습니다.

우리는 겉으로만 좋게 보이는 유혹을 극복하고 죄악을 단호하게 끊어 내야 합니다. 죄악은 그것을 즐기는 사람들을 썩어 문드러지게 하고 결국은 파멸시킵니다.

전능하신 하느님, 저를 악에서 구하시고 보호해 주소서. 하느님만을 따르고 사랑하도록 저를 도와주소서.

6월 2일

> 당신의 빛과 진리를 보내시어,
> 저를 인도하게 하소서.
> 당신의 거룩한 산,
> 당신의 거처로 데려가게 하소서.
>
> 시편 43,3

하느님은 세상의 빛이신 예수님 안에서 당신 빛을 보내셨습니다. 그리고 사도들에게 예수님의 가르침을 통하여 성령 안에서 당신의 진리를 보내셨지요.

그리하여 하느님은 인류를 당신이 머무시는 곳으로, 곧 교회로 데려오셨습니다. 따라서 우리는 교회 안에서 하느님의 현존을 체험하고 우리 삶의 길을 잘 걷기 위한 안내를 받습니다.

하느님 아버지, 아버지께서 성자와 성령을 통하여 저를 삼위일체 하느님의 삶으로 이끌어 주심에 감사드리나이다.

6월 3일

하늘의 빵으로 그들을 배불리셨네.

시편 105,40

주님은 이스라엘 자손들을 약속의 땅으로 데리고 가시며 천상 양식인 만나로 배불리셨습니다. 그러나 예수님이 말씀하신 대로, 이 선물은 그들을 죽음에서 지켜 주지는 못했습니다(요한 6,49 참조).

예수님은 광야에서 군중들을 배불리 먹이신 다음에, 당신이 바로 하늘에서 내려온 참된 빵이라고 강조하셨습니다. "누구든지 이 빵을 먹으면 영원히 살 것이다."(요한 6,51)

하느님, 제가 영양이 풍부한 음식을 먹어야 한다고 걱정하기보다, 하느님께서 주시는 필수 영양소, 곧 성체 안에 계시는 예수님을 자주 모실 수 있도록 이끌어 주소서.

6월 4일

> 예루살렘아, 주님을 찬미하여라.
> 시온아, 네 하느님을 찬양하여라.
> 네 강토에 평화를 주시고,
> 기름진 밀로 너를 배불리신다.
>
> 시편 147,12.14

하느님은 여러 세기 동안 당신의 거룩한 도성 예루살렘에 좋은 양식을 마련해 주시고, 주민들을 모두 안전하게 지켜 주셨습니다.

하느님은 이제 교회 안에서 예수님의 몸을 양식으로 하는 우리에게 당신의 자비를 베푸십니다. 그리하여 교회는 그리스도의 신비체로서 성체성사를 통하여 강건해지고 일치와 평화를 누립니다.

하느님, 제가 그리스도의 몸인 성체를 모실 때마다 교회를 그리스도의 신비체로 깨닫고 따르게 하소서.

6월 5일

> 주님은 당신 백성에게 구원을 보내시고,
> 당신 계약을 영원히 세우셨네.
> 그 이름 거룩하고 경외로우시다.
>
> 시편 111,9

하느님은 이스라엘을 종살이와 유배 생활에서 구원해 주셨습니다. 그리고 그분은 예수님을 통하여 모든 사람을 죄와 죽음에서 구원하셨지요. 예수님이 하느님의 법을 우리 마음에 새기시고 우리에게 성령을 주시어 인류와 새로운 계약을 맺으셨기 때문입니다.

따라서 예수님을 따르는 제자인 우리는 하느님이 이루신 구원을 보며 그분의 이름을 거룩하게 여겨야 합니다.

하느님 아버지, 아버지의 이름을 모든 사람이 거룩하게 받들어 모시고 그 이름이 빛나게 하소서.

6월 6일

무덤 속에서 누가 당신 자애를,
멸망의 나라에서 당신 진실을 이야기하리이까?
어둠 속에서 누가 당신 기적을,
망각의 나라에서 당신 의로움을 알리리이까?

시편 88,12-13

하느님은 시편 작가가 제기한 물음에 그리스도를 통하여 응답하셨습니다. 그리스도는 당신의 죽음과 부활 사이에 죽은 이들의 나라인 저승에 가시어 하느님의 기적을 알리시고 죽은 의인들을 데리고 나오셨지요.

우리가 거의 죽었다 싶을 때에도, 예수님은 당신의 기쁜 소식으로 우리를 어둠에서 구해 주십니다.

주 예수님, 제가 희망이 없다고 느낄 때에도, 주님의 기쁜 소식에 귀를 기울이도록 저를 도와주소서.

6월 7일

> 너희는 주님께 복을 받으리라.
> 하늘과 땅을 만드신 분이시다.
> 하늘은 주님의 하늘,
> 땅은 사람에게 주셨네.
>
> 시편 115,15-16

하느님이 만물을 창조하셨으므로, 모든 것은 하느님께 속해 있습니다. 특별히 하늘은 인간이 스스로의 힘으로는 올라갈 수 없는 하느님의 고유한 영역이지요.

하느님의 아드님은 사람이 되시어 지상에 발판을 마련하셨으며, 죽은 이들 가운데서 부활하시고 하느님 아버지께 올라가시어, 하늘에 인간의 자리를 마련해 주셨습니다.

하느님, 제가 언제나 하늘을 바라보며, 하느님의 은총으로 이 세상을 더 나은 곳으로 만들도록 도와주소서.

6월 8일

> 백성아, 언제나 그분을 신뢰하여라.
> 그분 앞에 너희 마음을 쏟아 놓아라.
>
> 시편 62,9

우리는 예수님을 통하여 하느님을 더욱 깊이 믿게 되었습니다. 예수님은 우리를 하느님과 화해시켜 주시기 위해 '해골 터'에서 당신의 모든 것을 바치셨지요. 한 군사의 창에 찔린 그분의 옆구리에서는 피와 물이 흘러나왔습니다.

하느님이 우리를 위하여 당신의 아드님을 아낌없이 우리에게 내어 주셨듯이, 우리에게 모든 것을 주시지 않겠습니까? 따라서 우리는 하느님을 믿고 온 마음을 다해 그분께 기도해야 합니다.

예수 성심이시여, 저는 예수님의 성심을 신뢰하기에, 저를 돌보시는 성심께 제 몸과 마음을 온전히 바치나이다.

6월 9일

> 주님께는 자애가 있고,
> 풍요로운 구원이 있네.
> 바로 그분이 이스라엘을
> 모든 죄악에서 구원하시리라.
>
> 시편 130,7-8

옛날에는 빚을 갚지 못해 종이 된 사람들이 많았습니다. 그러나 그의 친척이나 친구가 그 빚을 대신 갚아 주면, 그는 종의 신분에서 벗어나 자유롭게 되었지요.

예수님은 죄를 짓는 자는 누구나 죄의 종이 된다고 가르치셨습니다(요한 8,34 참조). 오직 하느님만이 우리를 죄의 종에서 벗어날 수 있게 하시며 또 구원해 주십니다. 그리고 마침내 하느님은 예수 그리스도를 통하여 우리를 구원하셨습니다.

전능하신 하느님. 아드님의 은총으로 제가 죄의 종이 되지 않고 자유롭게 살 수 있도록 저를 지켜 주소서.

6월 10일

올바른 이에게 하느님은 얼마나 좋으신가!
마음이 깨끗한 이에게 하느님은 얼마나 좋으신가!

시편 73,1

우리를 더럽게 만드는 것은 모두 우리 안에서 나오는 것이므로, 우리가 올바르게 말하고 행동하려면 반드시 우리 마음이 깨끗해야 합니다.

성모님은 하느님의 말씀을 듣고 그 말씀을 마음속 깊이 간직하셨습니다. 또한 성모님은 자신의 삶에서 하느님이 하신 모든 일을 소중히 간직하셨지요. 성모님의 성심은 티 없이 깨끗하셨습니다.

하느님, 티 없이 깨끗하신 성모 성심을 간절히 바라오니, 예수님의 말씀으로 제 마음을 깨끗하게 씻어 주소서.

6월 11일 　　　　　　　　　　　성 바르나바 사도 기념일

> 주님은 이스라엘 집안을 위하여
> 당신 자애와 진실을 기억하셨네.
> 우리 하느님의 구원을
> 온 세상 땅끝마다 모두 보았네.
>
> 시편 98,3

　우리 주 하느님은 이스라엘의 하느님이십니다. 주님이 이스라엘을 구원하실 때, 주님은 당신 구원을 땅끝에 이르기까지 펼치셨지요. 예수님은 사마리아 여인에게 이렇게 말씀하셨습니다. "구원은 유다인들에게서 온다." (요한 4,22 참조)

　하느님은 본래의 당신 백성을 버리지 않으셨을 뿐만 아니라, 모든 민족에게서 당신을 믿는 사람들을 모으셨습니다. 그분은 언제나 진실하시며, 당신 백성을 비롯한 모든 사람에게 당신의 자비를 베푸십니다.

주님, 주님의 구원이 땅끝에 이를 때, 제가 겸손한 마음으로 회개함으로써 그 구원의 끝을 보게 하소서.

6월 12일

> 기억하소서, 애초부터 모으신 백성,
> 당신 소유로 삼아 구원하신 지파.
>
> 시편 74,2

우리는 일반적으로 무엇인가를 얻기 위해 그 대가를 줍니다. 어떤 것을 얻기 위해서는 그에 합당한 값을 치러야 하지요. 하느님은 당신께 골칫거리만 안긴 이스라엘을 얻기 위해 매우 비싼 값을 치르셨습니다.

그리고 하느님은 모든 민족을 아우르는 새로운 백성을 얻기 위해, 당신 아드님의 피로 그 값을 치르셨습니다. 그분은 당신 사랑으로 인류를 매우 값지게 보셨으며, 인류를 얻기 위해 매우 비싼 값을 치르신 것입니다.

주 예수님, 제가 주님의 제자로서 매우 비싼 값을 치르게 되더라도, 주님의 부르심에 기쁘게 응답하도록 도와주소서.

6월 13일   파도바의 성 안토니오 사제 학자 기념일

> 의인의 입은 지혜를 자아내고,
> 그의 혀는 올바른 것을 말한다.
>
> 시편 37,30

  야고보 사도는 "같은 입에서 찬미와 저주가 나온다."라고 개탄했습니다(야고 3,10 참조). 죄의 주문 아래서 입은 열린 무덤과도 같아 독이 줄줄 흘러나옵니다. 그러나 은총 아래서는 좋은 말만, 교훈이 되는 말만 하게 됩니다.
  오직 그리스도만이 가장 거룩한 입을 가지고 계십니다. 십자가에 못 박히신 예수 그리스도 말입니다.

거룩하신 하느님, 제 입을 깨끗이 씻어 주시어, 언제나 하느님만을 찬양하게 하소서.

6월 14일

> 거룩한 산 위에 세운 그 터전.
> 주님이 야곱의 어느 거처보다
> 시온의 성문들을 사랑하시니.
> 하느님의 도성아,
> 너를 두고 영광을 이야기하는구나.
>
> 시편 87,1-3

예루살렘은 하느님이 머무시는 도성이었습니다. 거기서 하느님은 마땅한 예배를 받으셨지요. 그러나 영광스럽게 보이던 예루살렘의 시대는 인간의 죄 때문에 사라져 버렸습니다.

하느님은 예수님을 통하여 열두 사도를 주춧돌로 삼아 영적인 도성을 세우셨습니다. 교회는 그리스도의 영광으로 빛나는 무수한 성인들의 어머니이기에, 우리는 교회를 두고 영광스러운 일들을 이야기합니다.

주 하느님, 교회에 대한 주님의 사랑으로 우리 시대의 교회를 새롭게 하시어, 교회 안에 있는 저희가 주님의 영광을 찬양하게 하소서.

6월 15일

주님, 거짓말 하는 입술에서,
속임수 부리는 혀에서
제 목숨 구해 주소서.

시편 120,2

죄 많은 인간의 혀는 파괴적인 힘을 지니고 있습니다. 예수님은 당신을 반대하고, 당신을 배반하고, 당신을 부인하고, 당신에 대하여 거짓말을 하고, 당신을 단죄한 사람들의 혀 때문에 고난을 받으셨습니다.

예수님은 진리를 말씀하시고 용서를 베푸시는 데 당신의 혀를 쓰셨습니다. 그리하여 아버지께 당신을 원수들에게서 구원해 달라고 부르짖으셨을 때, 그분의 기도는 응답을 받았습니다.

전능하신 하느님, 저에게 제 혀를 다스리는 은총을 베푸시어, 제 혀로 다른 사람들을 돕고 이끌게 하소서.

6월 16일

그들을 두고 "그는 거기에서 태어났다." 하는구나.
시온을 두고는 이렇게 말한다.
"이 사람도 저 사람도 여기서 태어났으며,
지극히 높으신 분이 몸소 이를 굳게 세우셨다."

시편 87,4-5

도시에서는 그 도시에 사는 사람들의 출생을 기록하고 보관합니다. 그래서 많은 사람들이 자신이 태어난 도시와 자신을 동일시하며 그 도시에 대해 긍지를 가지기도 하지요.

모든 그리스도인은 영적으로 하느님의 도성에서, 우리 어머니인 천상 예루살렘에서 태어났습니다. 교회의 가르침을 통해 신앙을 갖고, 교회의 품에서 성사의 젖을 먹고 자랐기 때문입니다.

하느님 아버지, 하느님의 모든 자녀의 어머니인 교회가 있음에 아버지께 감사드리나이다.

6월 17일

> 하늘 위에서 주님을 찬양하여라.
> 높은 데에서 주님을 찬양하여라.
> 모든 천사들아, 주님을 찬양하여라.
> 모든 군대들아, 주님을 찬양하여라.
> 땅에서 주님을 찬미하여라.
> 용들아, 모든 심연들아.
>
> 시편 148,1-2.7

하느님이 하늘과 땅을 창조하셨듯이, 지금은 부활하신 그리스도를 통하여 모든 것이 새로워지고 있습니다. 하늘과 땅의 모든 피조물이 그리스도를 찬양하도록 부르심을 받고 있지요.

언젠가 모든 피조물이 속박에서 풀려나 하느님 자녀들이 누리는 영광스러운 자유를 누릴 것입니다. 이러한 자유를 지닌 우리 인간은 온 만물이 부를 찬양 노래를 미리 불러야 할 것입니다.

주님, 제 입이 끊임없이 주님을 찬양하게 하소서.

6월 18일

> 좋기도 하구나, 즐겁기도 하구나,
> 형제들이 한데 모여 사는 것!
>
> 시편 133,1

부활하신 예수님은 당신 제자들을 '형제'라고 부르셨습니다. 그리고 그들에게 성령을 부어 주시어, 당신 몸인 교회 안에서 당신과 하나가 되고, 제자들도 서로 하나가 되게 하셨습니다.

교회의 지체들이 서로 일치하여 살아갈 때, 그들은 삼위일체이신 하느님의 위격이 이루시는 일치를 맛보며, 하느님의 사랑을 세상 사람들에게 보여 줄 것입니다.

하느님, 제가 제 형제자매 그리스도인들을 받아들이고, 존중하고, 사랑하게 하소서.

6월 19일

> 노래하는 이도 춤추는 이도 말하는구나.
> "나의 샘은 모두 네 안에 있네."
>
> 시편 87,7

시편 작가는 예루살렘의 샘들이 그의 목마름을 풀어 준 기쁨을 노래합니다. 천상 예루살렘에서는 생명을 주는 물이 하느님과 어린양의 어좌에서 흘러나오겠지요.

예수님은 우물가에서 사마리아 여인에게 당신이 생명의 물을 즉시 줄 수 있다고 하셨습니다(요한 4,14 참조). 그리고 우리는 교회의 성사들을 통하여 이 생명의 물을 받고 있습니다.

예수님, 제가 지치고 목마를 때 성령의 은총으로 제 생기를 북돋아 주시고 저의 갈증을 풀어 주소서.

6월 20일

> 만군의 주님 그 도성에서,
> 우리 하느님의 도성에서,
> 우리가 들은 대로 우리는 보았네.
> 하느님이 그 도성을 영원히 굳히셨네.
>
> 시편 48.9

사람들은 가고 싶은 여행지가 있을 때, 먼저 사람들의 이야기를 통해, 그다음에는 직접 여행을 다녀옴으로써 그곳에 관해 알게 됩니다. 이처럼 우리도 계시를 본 요한 사도가 전한 말을 통해, 천상 예루살렘을 알게 되었습니다.

하느님의 계시를 본 요한 사도의 말은 신적인 증언으로 받아들일 수 있습니다. 그러나 하느님이 당신을 사랑하는 사람들을 위하여 마련하신 곳이 어떤지를 알기에는, 그가 전하는 이야기가 충분하지 않은 것 같습니다.

전능하신 하느님, 이곳에는 영원한 도성이 없사오니, 천상 예루살렘에 대한 열망으로 저를 가득 채워 주소서.

6월 21일

> 그곳에 심판의 왕좌,
> 다윗 집안의 왕좌가 놓여 있네.
>
> 시편 122,5

예수님은 사도들에게 그들이 이스라엘의 열두 지파를 심판할 열두 옥좌에 앉을 것이라고 약속하셨습니다(마태 19,28 참조). 사도들은 하느님의 자비를 받은 사람들이므로, 분명히 자비롭게 심판할 것입니다.

따라서 우리가 이웃 사람들에게 참된 자비를 베풀며 올바르게 살아왔다면, 미래의 심판을 두려워할 필요가 없습니다.

주님, 제가 다른 사람들을 재는 잣대로 제 자신을 재게 될 것임을 생각하며, 모든 사람에게 자비를 베풀도록 저를 도와주소서.

6월 22일

> 나는 하느님 집에서 자라는
> 푸른 올리브 나무.
> 길이길이
> 하느님 자애에 의지하리라.
>
> 시편 52,10

하느님께 전혀 관심이 없는 사람은 파멸의 길로 들어서고, 하느님께 충실한 사람들은 푸른 올리브 나무처럼 번창할 것입니다. 이는 그들이 자기 자신이 아니라 하느님의 자애에 의지하기 때문이지요.

하느님께 충실한 사람들은 그리스도의 몸인 교회, 곧 하느님의 집 과수원에서 무럭무럭 자라, 포도나무에 붙어 있는 가지처럼, 그리스도 안에 머물러 많은 열매를 맺을 것입니다(요한 15,5 참조).

하느님 아버지, 제가 교회 안에 확고히 뿌리를 내려 좋은 열매를 맺게 하소서.

6월 23일

당신이 땅을 뒤흔들어 갈라놓으셨나이다.
흔들리나이다, 그 갈라진 틈새를 메워 주소서.
당신 백성에게 모진 시련을 겪게 하시고
술을 먹여 어지럽게 하셨나이다.

시편 60,4-5

  땅이 흔들리면 우리는 매우 놀라고 불안해하며 어지럽기까지 합니다. 땅이 흔들린다는 것은 우리의 삶을 흔드는 충격적인 사건들을 가리키기도 하지요.
  이러한 사건들로 인해 우리는 방향을 잃고 비틀거리게 됩니다. 그러나 하느님은 그 모진 시련들을 다스릴 권능을 지니고 계시지요. 따라서 우리는 하느님께 구조를 간청하며 부르짖어야 합니다.

주 하느님, 저희가 모든 사건을 통제할 수가 없사오니, 모든 것을 다스리실 수 있는 주님께 간청하게 하소서.

성 요한 세례자 탄생 대축일　　　　　　　　　　6월 24일

> 당신은 제 오장육부를 만드시고,
> 어미 배 속에서 저를 엮으셨나이다.
>
> 시편 139,13

하느님은 예레미야 예언자, 요한 세례자, 바오로 사도를 성별하셨듯이, 우리 한 사람 한 사람을 당신이 쓰시기 위해 태중에서부터 축성하십니다.

하느님이 당신 계획 안에서 우리를 무슨 역할로 부르시어 축성하셨는지, 재능과 무능, 강인함과 나약함이 뒤섞인 우리의 고유한 모습에 어떻게 감사드려야 할지 생각하는 시간을 가져 봅시다.

전능하신 하느님, 엘리사벳과 즈카르야가 그들의 아기를 '주님은 은혜로우시다'는 뜻으로 '요한'이라고 이름 지었으니, 저를 저로 만들어 주신 하느님의 호의를 깨닫도록 이끌어 주소서.

6월 25일

> 너를 지키시는 그분은 졸지도 않으시리라.
> 보라, 이스라엘을 지키시는 분,
> 졸지도 않으시리라.
> 잠들지도 않으시리라.
>
> 시편 121,3-4

하느님은 당신 백성을 사랑하시므로, 부모가 자녀를 돌보듯이, 우리를 지켜보십니다. 그러나 때때로 부모는 일이 너무 많거나 몸이 지쳐 자녀들을 잘 보살피지 못할 때도 있지요.

하지만 하느님은 결코 당신 백성을 버려두지 않으시고 늘 보살피십니다. 나쁜 일이 일어날 때 우리는 하느님의 보호 아래 피신할 수 있습니다. 그리고 그분이 더 큰 선을 위하여 그러한 시련을 겪게 하셨음을 나중에야 깨닫게 됩니다.

주님, 제가 주님의 보호에서 도망치게 놔두지 마시고, 저에게 나쁜 일이 일어날 때 주님의 사랑을 의심하지 않게 하소서.

6월 26일

> 신들아, 너희는 진실로 정의를 말하며,
> 올바르게 사람들을 심판하느냐?
> 오히려 너희는 마음속으로 불의를 지어내고,
> 손으로는 세상에 폭력을 퍼뜨리는구나.
>
> 시편 58,2-3

지도자들 중에는 편파적이고, 정의나 공정에는 거의 관심도 없는 이들이 있습니다. 이는 부정할 수 없는 사실이지요. 그들은 오직 자기 자신과 자기네 이익만을 돌봅니다.

그렇다고 해도 이러한 지도자들을 배척하지 못할 때가 있습니다. 그럴 때 우리는 우리가 가장 신뢰하는 하느님께 그 지도자들을 위하여 기도해야 합니다.

전능하신 주 하느님, 주님께서는 모든 사람의 마음을 다 알고 계시오니, 자신의 이익만을 생각하는 지도자들의 마음을 바꾸시어, 그들이 공정과 정의를 추구하게 하소서.

6월 27일

산들이 예루살렘을 감싸듯,
주님은 당신 백성을 감싸고 계시네,
이제부터 영원까지.

시편 125,2

산들처럼 주님은 예루살렘을 보호하십니다. 하느님의 권능이나 힘이 아니라, 바로 하느님 친히 당신 백성을 감싸고 계시는 것입니다. 하느님은 언제나 우리를 감싸고 계시지요.

산들은 모든 해악에서 예루살렘을 완전히 지켜 주지는 못합니다. 하지만 우리를 감싸고 계시는 하느님의 현존은 언제나 우리와 함께 계시겠다는 약속입니다.

하느님, 무슨 일이 일어나든, 언제나 저와 함께 계시며 저에게 믿음과 용기를 주소서.

6월 28일

> 사람들이 저희 머리를 짓밟게 하시어
> 저희는 불과 물을 지나야 했나이다.
> 그러나 당신은 저희를 넓은 곳으로 이끄셨나이다.
>
> 시편 66,12

자녀가 잘못했을 때 그 결과를 보고 스스로 배우게 하는 부모처럼, 하느님은 우리가 죄를 지어도 내버려 두십니다. 그러나 그분은 그렇게 하는 것을 좋아하지 않으시기에, 우리를 사랑하시고 용서하시며, 우리가 우리 자신과 다른 사람들에게 가져다준 고통을 없애 주십니다.

하느님은 우리가 악을 삼가고 다른 사람들의 고통을 덜어 주기를 바라고 계십니다. 따라서 우리는 그 두 가지 일을 하는 데 힘을 쏟아야 합니다.

하느님 아버지, 아버지께서는 때때로 저희가 넘어져 다치게도 하시오니, 저희를 빨리 일으켜 세우시어 저희가 다른 사람들을 도우러 달려가게 하소서.

6월 29일 — 성 베드로와 성 바오로 사도 대축일

> 주님을 경외하는 이들 그 둘레에
> 그분의 천사가 진을 치고 구출해 주네.
>
> 시편 34,8

이집트 탈출 때 하느님의 천사가 이스라엘을 보호하고 구출해 주었듯이, 하느님의 천사는 또한 베드로 사도와 바오로 사도를 구출하여, 그들을 통해 하느님의 새로운 백성을 세우셨습니다.

하느님은 당신 백성을 보호하시고 구원하십니다. 그러므로 우리는 다른 것들을 두려워하지 않아도 됩니다. 공경과 경외의 의미에서 하느님만을 두려워하며, 하느님께 순종하고 그분만을 섬겨야 합니다.

주 예수님. 주님의 완전하신 사랑으로 저에게서 온갖 그릇된 두려움을 몰아내 주소서. 그리고 제가 저의 구원을 위하여 '두렵고 떨리는 마음으로' 노력하게 하소서.

6월 30일

어서 와 엎드려 경배드리세.
우리를 내신 주님 앞에 무릎 꿇으세.
그분은 우리의 하느님,
우리는 그분 목장의 백성,
그분 손이 이끄시는 양 떼로세.

시편 95,6-7

어디에도 '스스로를 만든 사람'은 없습니다. 하느님이 우리를 만드셨고, 우리는 하느님의 피조물이지요. 우리는 이 사실을 인정하며, 우리를 만들고 사랑하시는 하느님께 무릎 꿇고 엎드려 경배합니다.

그리고 목자이신 하느님은 그분의 양 떼인 우리가 길을 잃지 않도록 올바른 길로 이끄시며, 우리가 심각한 상처를 입지 않도록 우리를 보호해 주십니다.

주님, 제가 주님 앞에 엎드려 주님을 흠숭하도록, 특히 성체 안에 계신 주님을 흠숭하도록 이끌어 주소서.

7월

7월 1일

> 당신이 땅의 경계를 모두 정하시고,
> 당신이 여름과 겨울을 마련하셨나이다.
>
> 시편 74,17

우리는 대부분 예측이 가능하고 획일적인 것을 좋아합니다. 하지만 하느님은 놀라움과 다양함이 있는 것을 선호하십니다. 그리하여 그분은 다양한 풍경과 기후와 계절을 창조하셨습니다.

겨울의 추위는 박테리아를 없애고, 우리가 삶을 성찰하도록 만듭니다. 여름의 태양은 식물을 더욱 푸르게 하고, 우리 정신을 들어 높이지요. 이처럼 모든 계절은 저마다의 이로움과 선물을 우리에게 가져다줍니다.

전능하신 하느님, 저에게 은총을 베푸시어 제가 모든 계절을 최대한 활용하며, 그때마다 하느님의 온갖 은혜를 충만히 누리게 하소서.

7월 2일

> 하느님, 당신 생각 얼마나 깊사옵니까?
> 그 모든 것 다 합치면 얼마나 크옵니까?
> 세어 보자니 모래알보다 많사옵니다.
>
> 시편 139,17-18

이 세상에는 디자인을 전문으로 하는 예술가가 많지만, 가장 위대한 예술가는 하느님이십니다. 이는 자연을 보면 분명하게 알 수 있지요. 자연은 하느님이 당신의 피조물을 위하여 '디자인'하신 것입니다.

이와 같이 하느님은 우리 한 사람 한 사람을 위하여 고유한 계획을 가지고 계십니다. 하지만 무수한 피조물에 대한 하느님의 깊은 뜻을 유한한 인간이 헤아릴 수는 없을 것입니다.

주 하느님, 무수한 모래알을 보며 주님의 광대하고 놀라운 계획을 생각하오니, 저에 대한 주님의 고유한 계획을 제가 온전히 받아들이게 하소서.

7월 3일 성 토마스 사도 축일

> 깨어 일어나시어 제 권리를 찾아 주소서.
> 저의 하느님, 저의 주님, 제 송사를 이끄소서.
>
> 시편 35,23

부활하신 예수님은 처음에 토마스 사도를 만나지 못하셨지만, 그다음 주일에 그에게도 나타나시어 당신의 상처를 보여 주셨습니다. 그때서야 그는 부활하신 예수님을 믿었지요. 그리고 예수님께 "저의 주님, 저의 하느님!"이라고 고백했습니다(요한 20,24-28 참조).

토마스 사도가 그렇게 고백할 수 있었던 것은, 예수님이 그를 특별히 배려하시고 돌보셨기 때문입니다.

하느님, 저도 바오로 사도처럼 "내가 지금 육신 안에서 사는 것은, 나를 사랑하시고 나를 위하여 당신 자신을 바치신 하느님의 아드님에 대한 믿음으로 사는 것입니다."(갈라 2,20)라고 고백할 수 있는 은총을 내려 주소서.

7월 4일

> 당신 규정을 따르기에,
> 저는 넓은 곳을 걸으오리다.
>
> 시편 119,45

자유란 악행을 해도 좋다는 면허가 아닙니다. 자유는 자기를 다스려 바르고 좋은 일을 하는 것이지요. 우리는 마음속 깊은 곳에서 진정한 자유를 누리기를 간절히 바랍니다.

하느님의 계명은 우리 자신에 대해 진실해지고, 우리가 스스로를 다스려 진정한 자유를 누리도록 이끌어 줍니다. "주님의 영이 계신 곳에는 자유가 있습니다."(2코린 3,17)

주님, 제 마음속에 새로운 계약의 영을 불러일으키시고, 제가 주님의 계명을 지키게 하시어, 진정한 자유를 누릴 수 있게 하소서.

7월 5일

> 보라,
> 죄악을 품은 자가 재앙을 잉태하여
> 거짓을 낳는구나.
> 제가 꾸며낸 재앙 제 머리 위로 되돌아오고,
> 제가 휘두른 폭행 제 정수리로 떨어지는구나.
>
> 시편 7.15.17

옳은 일을 하다가 고통받는 것이 악행을 저지르다가 고통받는 것보다 훨씬 더 낫습니다. 죄악은 악인들에게 잠깐 위로가 되겠지만, 결국에는 그들에게 해를 끼치고 말 것입니다.

하지만 옳은 일을 하면 복을 받습니다. 따라서 우리는 매우 작은 일에서도 하느님이 우리에게 주신 깨끗함을 잘 보존해야 하지요. 카인과 아벨을 보십시오. 죄악을 저지른 카인은 참으로 비참한 모습이지만, 무구한 희생자인 아벨은 참으로 깨끗한 모습이지 않습니까?

하느님, 악인들이 자신의 죄를 뉘우치며 회개하고 옳은 일을 할 수 있도록 이끌어 주소서.

7월 6일

> 제 마음 든든하옵니다, 하느님.
> 제 마음 든든하옵니다.
>
> 시편 57,8

나무는 바람에 흔들립니다. 나무는 의지가 없어 바람에 맞설 수가 없기 때문이지요. 그와 달리 우리에게는 의지가 있습니다. 그러나 우리도 흔들리지요. 때로는 불의와 타협하며, 하느님께 충실히 머물지 못합니다.

인간의 불충은 마음에서 시작됩니다. 그러나 우리가 예수님 가까이 머문다면, 예수님이 스스로 십자가를 지시고 죽음을 이기신 그 확고한 의지를 그분에게서 받을 수 있을 것입니다.

전능하신 하느님, 예수님과 그분을 따른 순교자들처럼 하느님께 충실하고 확고하게 머물도록 저에게 힘을 북돋아 주소서.

7월 7일

주님은 제 몫의 유산, 저의 잔.
저의 재산에 제 마음이 흐뭇하옵니다.

시편 16,5.6

우리는 더는 가질 수 없을 만큼 많은 것을 지닌 사람들을 종종 봅니다. 그러나 우리는 그들이 가진 무엇보다도 더 중요한 것을 가지고 있습니다. 바로 주님을 모시고 있지요.

그런데 더욱 특별하게 주님을 모시며 그 몫을 받은 사람들이 있습니다. 바로 수도자들입니다. 그들은 많은 것을 버리고 오직 하느님만 바라보며 그분만을 섬깁니다.

하느님, 더 많은 사람들을 수도 생활로 부르시고, 제 소명도 굳건하게 하소서.

7월 8일

> 어리석은 자 마음속으로
> '하느님은 없다.' 하네.
> 모두 타락하여 불의만 일삼네.
>
> 시편 53,2

 하느님의 실존을 부정하는 사람들은 흔히 하느님의 자리에 돈과 권력 같은 것을 모시는 함정에 빠집니다. 그 결과는 부정적인 일을 초래하기도 하지요.
 또한 하느님을 부정하는 사람들은 다른 사람과 함께 공통된 기원을 지녔다는 생각이 없기에, 걸핏 하면 다른 사람들에게 폭력을 가하며 불의를 저지르기도 합니다.

전능하신 하느님, 하느님을 믿지 않는 이들에게 믿음을 주시어, 이 세상에 어리석고 끔찍한 일들이 일어나지 않게 하소서.

7월 9일

> 주님이 나를 지켜 주시기에
> 누워 잠들어도 나는 깨어나네.
>
> 시편 3,6

아이들은 자러 가기를 싫어합니다. 잠을 자다가 신나는 일들을 놓칠까 봐 그러지요. 때로는 어른들 중에도 이렇게 자다가 영영 깨어나지 못할까 봐 자는 것을 두려워하는 사람들도 있습니다.

예수님은 라자로와 야이로의 딸과 같이 죽은 이들을 그저 잠을 자는 것이라 하시고, 그들을 깨워 다시 살리셨습니다! 우리가 우리를 구원하시는 예수님께 의지하면, 그분은 우리도 그렇게 살려 주실 것입니다.

하느님, 오직 사랑으로 충만하게 살아가도록 저를 도와주소서. 그런 뒤 하느님의 나라에서 저를 영원한 생명으로 깨워 주소서.

7월 10일

> 주님, 당신의 천막에 누가 머물리이까?
> 당신의 거룩한 산에서 누가 지내리이까?
> 흠 없이 걸어가고
> 의로운 일을 하는 이라네.
>
> 시편 15,1-2

때때로 우리는 하느님께 제물을 바치면 그분께 더 가까이 다가갈 수 있다고 생각합니다. 그러나 잘못된 생활을 하면서 바치는 제물을 하느님은 즐기지 않으십니다.

하느님이 가장 기뻐하시는 것은 우리가 잘못을 저지른 사람들을 용서해 주는 것입니다. 예수님은 앞서 호세아 예언자가 전했던, 하느님이 "내가 바라는 것은 희생 제물이 아니라 자비다."라고 하신 말씀을 전하셨습니다(호세 6,6; 마태 9,13; 12,7 참조).

하느님, 제가 언제나 올바른 일을 하며 잘못한 이들을 용서하게 하소서. 하느님께서 우리를 용서하시듯이, 저도 그들을 기꺼이 용서하게 하소서.

7월 11일   성 베네딕토 아빠스 기념일

> 주님을 찾는 이에게는 좋은 것뿐이리라.
> 아이들아, 어서 와 내 말을 들어라.
> 주님 경외를 가르쳐 주리라.
>
> 시편 34,11-12

예수님은 우리에게 풍요로운 삶을 주시기 위해 이렇게 가르치셨습니다. "너희는 먼저 하느님의 나라와 그분의 의로움을 찾아라. 그러면 이 모든 것도 곁들여 받게 될 것이다."(마태 6,33)

흔히 우리는 '좋은 것'을 놓칠까 봐 두려워합니다. 그러나 그보다는 하느님을 찾는 일에 힘을 쏟아야 합니다. 우리가 하느님을 늘 찾고 그분을 내 삶의 최우선에 놓고 있는지 돌아봅시다.

하느님, 그리스도보다 아무것도 더 낫게 여기지 말라고 한 베네딕토 성인의 가르침대로 살아가도록 저를 이끌어 주소서.

7월 12일

> 하느님, 침묵하지 마소서.
> 하느님, 말없이 가만히 계시지 마소서.
>
> 시편 83.2

우리에게는 무엇이든 뽐내려는 교만한 경향이 있기에, 지혜로운 사람이 되려면 말하는 것보다 침묵하는 것이 더 좋습니다. 그러나 하느님은 죄 많은 우리의 성향을 지니지 않으시기에, 침묵하지 않으셔도 되지요.

불의가 땅에서 울부짖는 이때, 온갖 죄악을 물리칠 수 있는 유일한 분이신 하느님이 입을 여시어 이 세상에 개입하시기를 청해 봅시다.

주님, 제 입을 열어 주님을 불러야 할 때, 제가 결코 침묵하지 않게 하소서.

7월 13일

> 저의 사랑을 원수로 갚아도,
> 저는 오로지 기도하나이다.
> 그들은 제게 선을 악으로 갚고,
> 사랑을 미움으로 갚나이다.
>
> 시편 109,4-5

이 시편은 예수님의 경험을 담고 있습니다. 예수님은 당신 사랑에 대한 보답으로 미움을 받으셨습니다. 예수님이 그러하셨는데, 그분을 따르는 제자인 우리가 어떻게 좋은 보답을 받기를 기대할 수 있겠습니까?

우리는 미움을 받더라도 사랑을 추구해야 합니다. 그것이 사랑에 대한 보답이기 때문이지요. 그렇게 했을 때 우리는 하느님이 예수님께 보답으로 주신 영원한 생명을 바랄 수 있습니다.

하느님 아버지, 제가 싫어하는 사람들을 사랑하도록, 저를 미워하는 사람들도 사랑하도록 저를 도와주소서.

7월 14일

> 많고 많은 전리품을 차지한 사람처럼,
> 당신 말씀으로 저는 기뻐하나이다.
>
> 시편 119,162

물건이든 사람이든, 사람들은 자기가 소중히 여기는 것에 집착하는 경향이 있습니다.

우리의 보화가 있는 곳에 우리의 마음이 있는 법입니다. 따라서 우리에게서 사라지거나 없어질 수 있는 것을 간직하려고 애써서는 안 됩니다. 우리가 알고 있듯이, 예수님은 온 우주가 사라질지라도 당신의 말씀은 결코 사라지지 않는다고 가르치셨습니다(마태 24,35; 마르 13,31; 루카 21,33 참조).

주 하느님, 예수님과 그분이 하신 말씀에 감사드리오며, 주님 말씀의 가치를 더욱더 깨닫게 하소서.

7월 15일 — 성 보나벤투라 주교 학자 기념일

주님을 찬미하여라,
주님의 모든 종들아.
밤이 지새도록
주님의 집에 서 있는 이들아.

시편 134,1

시편 작가는 주님의 종들에게 밤이 지새도록 주님을 찬미하라고 권유합니다. 수도자들은 기도하기 위해 한밤중에 일어나 이러한 권유에 응답했지요. 그러나 그 누구보다 예수님 친히 그렇게 하셨습니다.

밤새도록 기도하는 것은 참으로 귀중한 관습이라고 할 수 있습니다. 그러나 사실 시편 작가는 우리 삶이 가혹하거나 고통스러울 때 또는 우리가 어둠 속에 있을 때에도 하느님을 찬양하라고 우리를 초대하는 것입니다.

주님, 저에게 은총을 베푸시어, 제 영혼에 어두운 밤이 오더라도 기도하며 주님을 찬양하게 하소서.

카르멜산의 복되신 동정 마리아 7월 16일

> 다른 신들 붙좇는 자들의 고통이 크옵니다.
>
> 시편 16,4

시나이산에서, 하느님은 이스라엘 백성에게 다른 신들을 섬기지 말라고 명령하셨습니다(탈출 20,3 참조). 카르멜산에서, 엘리야 예언자는 이스라엘 백성에게 하느님을 섬기든 바알을 섬기든 선택하라고 했지요(1열왕 18,21 참조). 갈릴래아의 한 산에서, 예수님은 하느님과 재물을 함께 섬길 수 없다고 말씀하셨습니다(마태 6,24; 루카 16,13 참조).

오늘날 우리는 돈과 성공이 우리를 안전하게 지켜 줄 것이라고 생각하며, 하느님보다 돈과 성공을 추구합니다. 그러나 그것은 잘못된 생각입니다.

주님, 제 입으로 하느님 홀로 주님이시라고 고백하오니, 이 고백이 제 일상의 선택과 행동으로 드러나게 하소서.

7월 17일

> 힘센 자에게서 힘없는 이를,
> 약탈자에게서 가난한 이와 불쌍한 이를
> 당신은 구해 주시나이다.
>
> 시편 35,10

성모님이 부르시는 찬양 노래(마니피캇)에서, 주님은 정의를 지키십니다. 또한 권세 있는 자를 자리에서 내치시고, 비천한 이를 들어 올리시지요(루카 1,46-55 참조).

주님이 이러한 일을 하시는 분임을 아는 것은 매우 중요합니다. 이를 통해 우리가 결코 죄악을 정당화하지 않고, 언제나 정의를 추구하게 되기 때문입니다.

하느님, 제가 하느님과 함께하며 정의를 추구할 때 기도하며 이를 식별하도록 저를 도와주소서.

7월 18일

오늘 너희는 주님 목소리에 귀를 기울여라.

시편 95,7

사람의 목소리는 저마다 다르기에 구별할 수 있습니다. 인간은 수백 가지 목소리를 인식할 수 있다고 하지요. 그래서 친구의 목소리를 들으면 안심이 되지만, 원수의 목소리를 들으면 움츠러들게 됩니다.

듣기가 쉽지 않지만 매력적인 목소리가 있습니다. 바로 예수님의 목소리입니다. 그분은 착한 목자이시기에, 양들 앞에 서시어 양들을 부르시고 양들을 위하여 당신 목숨을 내놓으십니다(요한 10,1-15 참조). 우리도 주님의 목소리에 귀를 기울인다면, 그분을 따를 수 있을 것입니다.

주님, 제 머릿속에서 저를 방해하는 다른 목소리를 물리쳐 주시고, 오직 주님의 목소리에만 귀를 기울이게 하소서.

7월 19일

숨 쉬는 것 모두 다 주님을 찬양하여라. 알렐루야!

시편 150,6

하느님이 당신의 숨결을 불어넣어 우리를 창조하셨고, 성령을 부으시어 우리를 새롭게 하셨기에, 우리는 하느님을 찬양하는 창조의 목소리가 되어야만 합니다.

또한 우리는 매 호흡마다 하느님이 우리를 창조하셨음을 상기하며, 우리에게 현세의 생명과 영원한 생명을 주신 하느님을 찬양해야 합니다.

전능하신 주 하느님, 저를 생명으로 부르신 주님을 찬양하오니, 제가 끊임없이 주님을 찬양하도록 저를 이끌어 주소서.

7월 20일

> 집 짓는 이들이 내버린 돌,
> 모퉁이의 머릿돌이 되었네.
> 주님이 이루신 일,
> 우리 눈에는 놀랍기만 하네.
>
> 시편 118,22-23

예수님은 사람들에게 버림을 받으시고 죽임을 당하셨습니다. 그러나 그분은 성령의 성전인 교회의 머릿돌이 되셨지요.

예수님 성전의 지체인 우리도 예수님 때문에 종종 배척받을 수도 있습니다. 그러나 그러한 일을 겪게 된다면, 우리는 머릿돌이 되신 예수님을 생각하면서, 스스로를 행복한 사람으로 여겨야 합니다!

주 하느님, 주님께서 언제 어느 때이든 저희를 결코 버리지 않으시리라는 확신을 갖게 하소서.

7월 21일

> 너희는 알아라, 주님은 하느님이시다.
> 그분이 우리를 지으셨으니 우리는 그분의 것,
> 그분의 백성, 그분 목장의 양 떼라네.
>
> 시편 100,3

하느님이 모든 사람을 창조하셨기에, 우리는 모두 그분께 속해 있습니다. 그러나 예수님을 통하여 하느님을 본 사람들은 특별한 방식으로 하느님께 속해 있지요. 하느님이 그들을 어린양의 피로 구원하셨기 때문입니다.

모든 그리스도인은 예수님의 양 떼입니다. 그러나 슬프게도, 오늘날 그 양 떼는 갈라져 있지요. 우리의 목자가 한 분이듯이, 하나의 양 떼를 이루도록 우리 모두 기도하고 노력해야 합니다.

예수님, 모든 그리스도인의 마음이 일치의 열망으로 불타오르게 하소서.

성녀 마리아 막달레나 축일 7월 22일

> 하느님, 당신은 저의 하느님.
> 저는 새벽부터 당신을 찾나이다.
> 제 영혼 당신을 목말라하나이다.
> 물기 없이 마르고 메마른 땅에서
> 이 몸은 당신을 애타게 그리나이다.
>
> 시편 63,2

예수님은 당신의 첫 제자가 될 사람들에게 "무엇을 찾느냐?" 하고 물으셨습니다. 그들은 확실한 대답을 하지 못했지요(요한 1,38-39 참조). 그분은 마리아 막달레나에게도 "누구를 찾느냐?" 하고 비슷한 질문을 하셨습니다. 그리고 마리아에게서 긍정적인 대답을 들으시고, 부활하신 당신을 드러내셨습니다(요한 20,15-16 참조).

우리가 찾는 수많은 것들이 가치가 있어 보일 때가 있습니다. 그러나 어떠한 것도 예수님처럼 우리를 만족시킬 수는 없습니다.

하느님 아버지, 제 마음속 깊은 욕구를 찾아내어 그 욕구를 만족시키실 수 있는 예수님께 모든 것을 맡겨 드리게 하소서.

7월 23일

> 저희는 도살되는 양처럼 여겨지며,
> 당신 때문에 온종일 죽임을 당하나이다.
>
> 시편 44,23

지금도 세계의 어떤 지역에서는 그리스도인들이 그들의 신앙 때문에 박해를 받고 죽임을 당하기도 합니다. 그러나 그러한 박해가 있는지 모르고 사는 그리스도인들도 많지요.

하지만 그리스도교가 용인되는 곳에서도 그리스도인들이 부당한 대우를 받는 경우가 있습니다. 그러한 대우가 그들의 육신을 죽이지는 않지만, 정신을 나약하게 만들지요. 이러한 일은 대체로 사람들이 알아차리지 못하는 사이에 매우 조용하게 일어납니다.

주님, 박해받는 그리스도인들에게 용기를 북돋아 주시고, 그리스도교를 차별하는 곳에 사는 이들의 믿음을 굳세게 하소서.

7월 24일

> 당신은 모세와 아론의 손으로
> 당신 백성을 양 떼처럼 이끄셨나이다.
>
> 시편 77.21

이스라엘은 하느님의 백성이 되고, 그분의 양 떼가 되었습니다. 하느님이 선택하신 모세와 아론이 그 백성을 이끌어 나갔지요. 하느님의 아드님은 베드로 사도를 비롯한 열두 사도를 선택하시어 하느님의 새로운 백성을 돌보며 그분의 양 떼를 치게 하셨습니다.

지금도 예수님이 부르신 사람들, 곧 주교, 사제, 부제들이 그 양 떼를 이끌어 나가고 있습니다. 그들은 우리의 행복을 위한 매우 중요한 일을 하는 사람들입니다.

주님, 주님의 이름으로 우리를 돌보는 성직자들에게 통찰력과 지혜와 사랑을 주소서.

7월 25일 　　　　　　　　　　　　　성 야고보 사도 축일

> 뿌릴 씨 들고
> 울며 가던 사람들
> 곡식 단 안고
> 환호하며 돌아오리라.
>
> 시편 126,6

　농부들은 곡식을 종자로 얼마쯤 갈무리해 두었다가, 그 씨앗을 뿌려 다음 수확 때 거둡니다.

　예수님은 씨앗이 땅에 떨어져 죽어야 열매를 맺는다고 하시면서, 이 세상에서 자기 목숨을 미워하는 사람은 영원한 생명에 이르도록 목숨을 간직할 것이라고 가르치셨습니다(요한 12,24-25 참조). 이 가르침은 순교자들에게서 분명하게 드러나지요. 순교자들은 죽음으로써 영원한 생명을 얻고, 다른 사람들에게 믿음을 심어 주는 신앙의 씨앗이 되었습니다.

하느님, 야고보 사도가 하느님 말씀을 전파하기 위하여 목숨을 바친 것처럼, 저도 복음 선교에 제 삶을 바치도록 이끌어 주소서.

복되신 동정 마리아의 부모 성 요아킴과 성녀 안나 기념일   7월 26일

> 주님의 자애는 영원에서 영원까지
> 그분을 경외하는 이에게 머무르고
> 그분의 의로움은 대대손손 이르리라,
> 그분 계약을 지키는 이들에게.
>
> 시편 103,17-18

부모는 자신들의 유전자는 물론, 매우 많은 것을 자녀에게 전해 줍니다. 그들은 자신의 이상과 가치와 행동을 자녀에게 보여 주지요. 그리고 하느님에 대한 순종과 신앙을 물려줍니다.

어른들은 젊은이들에게 인생의 중요한 교훈을 전합니다. 그리고 젊은이들은 의식적으로든 무의식적으로든 어른들에게서 그 교훈을 받아들이지요. 따라서 우리는 미래 세대에 우리의 신앙을 잘 전수할 책임이 있다는 사실을 기억해야 합니다.

주님, 제가 주님을 더욱 열렬히 공경하며 젊은이들에게 좋은 신앙인의 모범을 보이며 살아가도록 도와주소서.

7월 27일

> 저는 당신을 경외하는 모든 이들,
> 당신 규정을 지키는 이들의 벗이오니다.
>
> 시편 119,63

사람들이 친구가 될 때, 처음에는 서로 끌리고 좋아서 만날 수 있습니다. 그러나 나중에는 같은 목적과 관심사를 함께 나누면서 서로에게 깊은 영향을 미치지요.

우리 친구들 가운데는 주님을 공경하며 주님의 계명을 지키는 사람들도 있을 것입니다. 그들의 이러한 헌신은 우리에게 영향을 주어서 우리를 영적으로 자라게 하는 양식이 되어 줄 것입니다.

주님, 제 주변을 주님을 성실히 따르는 친구들로 채워 주시어, 제가 그들과 함께 주님의 참된 제자가 되게 하소서.

7월 28일

> 모세와 아론은 그분의 사제들 가운데,
> 사무엘은 그분의 이름 부르는 이들 가운데 있네.
> 그들이 주님께 부르짖자
> 친히 그들에게 응답하셨네.
>
> 시편 99.6

사제들은 중개인이나 '중매자'의 임무를 수행합니다. 그리하여 그들은 다른 사람들을 위하여 하느님께 그분의 도우심과 강복을 청합니다.

하느님은 모세와 아론과 사무엘의 기도에 응답해 주셨습니다. 무엇보다 그분은 우리의 대사제이신 예수님의 기도에 응답해 주셨습니다. 지금도 하느님은 예수님이 맺으신 새로운 계약의 사제들이 바치는 기도에 응답하고 계십니다.

전능하신 하느님, 사제들이 하느님 앞에 올리는 기도를 자애로이 들어주소서.

7월 29일   성녀 마르타 기념일

주님이 당신 종들의 목숨 건져 주신다.

시편 34,23

우리 가족이나 친지, 동료, 고객, 이웃과 같은 많은 사람들이 우리의 도움과 봉사를 필요로 합니다. 우리가 하느님이 하시는 일을 직접 도와 드리지는 못하더라도, 다른 사람들의 어려움을 돌본다면 그 또한 하느님을 섬기는 것입니다.

그러나 무엇보다 주님의 현존 안으로 들어가 그분께 배우며 그분을 찬양하는 것이 주님을 섬기는 길입니다. 따라서 우리는 주님과 함께 지내면서, 다른 사람들에게 봉사하기에 앞서 주님을 먼저 섬겨야 합니다.

예수님, 마르타와 마리아, 어느 하나가 아니라 그 둘을 모두 본받게 하소서.

7월 30일

저에게 자비를 베푸소서,
주님, 저는 쇠약한 몸이옵니다.
저를 고쳐 주소서, 주님, 제 뼈들이 떨고 있나이다.
제 영혼이 몹시도 떨고 있나이다.
주님, 언제까지이리까?

시편 6,3-4

하느님께 충실한 사람들도 보통 사람들과 똑같이 육체적 · 정신적 고통을 느낍니다. 때로는 정신적인 혼란을 겪기도 하지요.

그러나 그들은 하느님의 현존 안에서 고통을 견뎌 내고, 하느님께 자신의 고뇌를 밝히며, 신뢰와 희망으로 하느님의 도우심을 간청합니다. 이것이 하느님께 충실한 사람들과 보통 사람들의 차이점입니다.

전능하신 하느님, 모진 고통 속에서도 제가 신앙과 희망과 신뢰로 하느님께 의지하게 하소서.

7월 31일 — 성 이냐시오 데 로욜라 사제 기념일

> 당신은 저의 하느님,
> 당신 뜻 따르라 저를 가르치소서.
> 당신의 영은 선하시니,
> 평탄한 길로 저를 인도하소서.
>
> 시편 143,10

우리는 죄를 피하려고 노력하며 하느님의 뜻을 따릅니다. 그러나 우리가 해야 할 좋은 일이 너무 많을 때에는 무엇을 선택해야 하겠습니까? 하느님이 우리가 더 성취하기를 바라시는 것은 무엇이겠습니까?

하느님은 예수님과 더불어 성령을 보내 주시어 우리에게 하느님의 뜻을 따르도록 가르치셨습니다. 우리는 성경을 읽고 성사를 받으며 깊이 기도하는 가운데 그분의 이끄심에 우리 마음을 열어야 합니다.

주 성령님, 제 마음속에서 움직이시는 주님을 깨닫게 하시고, 오늘 저를 이끌어 주소서.

8월

8월 1일

> 당신은 아기와 젖먹이들의 찬양으로
> 요새를 지으셨나이다.
>
> 시편 8,3

예수님이 예루살렘에 입성하실 때 아이들은 다윗의 자손이신 예수님께 환호를 올렸습니다. 그러나 수석 사제들과 율법 학자들은 불쾌해했지요(마태 21,15 참조). 사실 다른 이들에게 무시당하는 작은 사람들이 힘센 권력자들보다 하느님이 하시는 일을 더 잘 이해할 때가 많습니다.

예수님이 다시 오실 때, 예수님은 그 작은 사람들을 옹호해 주시고, 당신의 가장 작은 형제자매들을 보살펴 준 사람들에게 큰 상을 주실 것입니다.

주님, 저에게 은총을 베푸시어, 세상에서 하찮게 여기는 사람들을 도와주고 존중하게 하소서.

8월 2일

> 제 구원의 하느님,
> 저를 내쫓지 마소서, 버리지 마소서.
> 내 부모가 나를 버릴지라도,
> 주님은 나를 받아 주시리라.
>
> 시편 27,9-10

하느님은 모든 부모의 기원이시며 전형이십니다. 그러나 하느님의 사랑은 우리 부모의 사랑을 초월하며, 우리 부모가 세상을 떠난 뒤에도 우리를 뒷받침해 주지요.

따라서 우리 부모에 대한 사랑보다 주님에 대한 사랑을 더 앞에 놓아야 합니다. 이것이 바로 예수님이 당신의 제자가 되려면 아버지와 어머니, 아내와 자녀, 형제와 자매까지 미워해야 한다는 가르침의 뜻입니다(루카 14,26 참조).

주 예수님, 제가 언제나 주님을 가장 앞에 모실 수 있도록 저를 이끌어 주소서.

8월 3일

> 영광과 권능을 주님께 드려라.
> 그 이름의 영광 주님께 드려라.
> 거룩한 차림으로 주님께 경배하여라.
>
> 시편 29,1-2

하느님은 사랑과 신뢰로 우리에게 당신을 친밀하게 보여 주셨습니다. 그 덕분에 우리는 그분의 권능과 사랑, 그분의 영광과 거룩함을 알게 되었지요.

다른 목적을 위하여 하느님의 이름을 함부로 쓴다는 것은 얼마나 큰 불의입니까! 하느님을 찬양하지 않는 것은 얼마나 배은망덕한 일입니까! 따라서 우리는 오직 흠숭과 찬양으로 그분께 응답해야 할 것입니다.

전능하신 하느님, 언제나 제 마음과 입술로 하느님께 영광을 드리게 하소서.

성 요한 마리아 비안네 사제 기념일　　　　　　　　8월 4일

주님은 맹세하시고 뉘우치지 않으시리이다.
"멜키체덱과 같이
너는 영원한 사제로다."

시편 110,4

하느님은 한 사람을 영원한 사제로 만들겠다고 하십니다. 그분이 바로 하느님의 아드님이신 예수 그리스도이십니다.

이 특별한 사제는 하느님이 죽은 이들 가운데서 다시 일으키셨기에 영원히 사제로 머무르십니다. 그러나 지상의 사제들은 영원히 머물지 못하지요. 언젠가는 죽기 때문입니다. 어쩌면 사제 직무를 떠나는 이들이 있을지도 모릅니다. 따라서 우리는 사제들을 격려하며 그들을 위하여 기도하고, 또한 사제 성소를 위하여 기도해야 합니다.

주 하느님, 주님의 교회에 예수님의 모습을 지닌 충직한 사제들을 많이 보내 주소서.

8월 5일

> 당신께, 오로지 당신께 잘못을 저지르고
> 당신 눈앞에서 악한 짓을 하였사오니,
> 판결을 내리셔도 당신은 의로우시고
> 심판을 내리셔도 당신은 떳떳하시리이다.
>
> 시편 51,6

우리가 잘못된 일을 선택하면 다른 사람들에게도 해를 끼치게 됩니다. 이러한 모든 잘못은 하느님의 마음을 아프게 해 드리는 일이지요.

죄는 하느님의 계명을 거스르는 행동이며, 하느님을 사랑하는 인간을 해치는 행동입니다. 그러므로 우리는 우리의 잘못에 대하여 하느님께 용서를 빌어야 할 뿐만 아니라 다른 사람들에게도 용서를 구해야 합니다.

하느님 아버지, 제가 다른 사람들에게 저지른 잘못을 용서해 주시고, 그들에게도 용서를 구할 수 있는 용기를 주소서.

> 주님을 바라보아라. 기쁨이 넘치고,
> 너희 얼굴에는 부끄러움이 없으리라.
>
> 시편 34.6

예수님의 영광은 그분이 변모하실 때 우리 눈에 보이게 빛났으며, 그 영광은 그분의 부활로 확인되었습니다.

바오로 사도는 이에 대해 이렇게 설명했습니다. "'어둠 속에서 빛이 비추어라.' 하고 이르신 하느님께서 우리 마음을 비추시어, 예수 그리스도의 얼굴에 나타난 하느님의 영광을 알아보는 빛을 주셨습니다."(2코린 4,6)

주 하느님, 저희가 그리스도의 얼굴을 마주 뵙고 주님의 모습처럼 빛날 날을 마련해 주심에 감사와 찬양을 드리나이다.

8월 7일

> 거기에서 너희 조상들은 나를 시험하였고,
> 내가 한 일을 보고서도 나를 떠보았다.
>
> 시편 95.9

하느님을 떠본다는 것은 그분의 사랑과 권능을 의심하며, 그분께 무엇인가를 강요하려는 행동입니다. 또한 하느님을 조종해 보려는 시도이자, 우리가 그분께 드려야 할 존경과 신뢰를 무너뜨리는 짓이지요.

하느님의 아드님은 하느님을 시험하거나 떠보는 일을 거절하셨습니다. 그분은 하느님 아버지가 다스리시는 가운데 아버지의 뜻이 이루어지기를 바라셨습니다. 그리하여 하느님은 당신의 아드님을 드높이 인정해 주셨습니다.

주 하느님, 주님께서 저의 참된 행복을 위하여 제 삶을 다스리시는 것임을 결코 의심하지 않게 하소서.

성 도미니코 사제 기념일

제 혀도 당신 의로움을 기리며,
날마다 당신 찬양을 전하오리다.

시편 35,28

우리는 끊임없이 말을 합니다. 우리가 좋아하는 것이 있으면, 그것에 대해 계속 이야기하지요. 좋아하는 것이 아니라고 해도, 우리는 끊임없이 말을 합니다. 하지만 그것이 올바른 말이 아닌 경우가 많습니다.

이 세상에는 올바른 말을 전할 수 있는 설교자들이 필요합니다. 지정된 설교자들뿐만 아니라, 자발적으로 하거나 임시로 하는 설교자들도 필요하지요. 따라서 우리는 훌륭한 설교자들을 보내 달라고 하느님께 간청해야 합니다.

주님, 주님은 저희의 모든 찬양을 받으셔야 할 분이시오니, 제 자랑을 멈추고, 오직 주님만을 자랑하게 하소서.

8월 9일

너희는 제후들을 믿지 마라.
인간은 너희를 구원하지 못한다.
숨 한 번 끊어지면 흙으로 돌아가고,
그날로 모든 계획도 사라져 버린다.

시편 146,3-4

우리는 다른 사람들에게 의존하여 많은 일을 하고 있습니다. 그러나 그 누구도 언제 어디서나 우리를 도와줄 수는 없지요. 무엇보다 그 누구도 우리를 구원할 수는 없습니다.

사람은 하느님과 같은 사랑과 권능을 지닐 수 없습니다. 따라서 오직 하느님만 온전한 신뢰를 받으셔야 합니다. 그분께 믿음을 두는 사람들은 결코 실망하지 않을 것입니다.

저희를 구원하시는 주 하느님, 인간의 나약함과 부족함을 지닌 저희가 주님께 의지하오니, 저희를 어둠에서 꺼내어 빛 속으로 이끌어 주소서.

성 라우렌시오 부제 순교자 축일

> 가난한 이에게 넉넉히 나누어 주니,
> 그의 의로움은 길이 이어지고
> 그의 뿔은 영광 속에 높이 들리리라.
>
> 시편 112,9

신앙을 지닌 사람들은 모든 것을 하느님께 받은 선물로 여기기에, 그들이 선물로 받은 것을 선물로 거저 내어 줍니다.

하느님은 자신의 것을 기쁜 마음으로 내어 주는 사람을 사랑하십니다. 그분은 그들에게 풍성한 복을 내리시어, 그들이 넉넉해지고, 그들의 온갖 자원이 흘러넘치도록 해 주십니다.

하느님 아버지, 저에게 좋은 것을 끊임없이 베풀어 주신 아버지의 섭리에 감사하나이다. 아버지께서 베풀어 주신 좋은 것을 가난한 사람들과 나눌 수 있게 하소서.

8월 11일 　　　　　　　　　　　성녀 클라라 동정 기념일

> 진실이 땅에서 돋아나고
> 정의가 하늘에서 굽어보리라.
>
> 시편 85,12

하늘이 땅으로 내려오고 땅이 하늘로 올라가는 날이 올 것입니다. 그 날이 오면 하느님과 인류가 함께 만나 화해하게 되겠지요.

이러한 희망은 예수님과 그분의 제자들을 통하여 실현되었습니다. 그러나 그 화해는 아직 불완전합니다. 인류와 하느님의 완전한 화해를 위하여, 우리는 하느님과 세상 사이에서 그리스도의 사절이 되고 화해를 위한 봉사자가 되어야 합니다.

주님, 저희가 서로 화해하게 하시고, 다른 사람들을 주님께 더 가까이 데려가게 하소서.

8월 12일

> 처음에 당신은 땅을 세우셨나이다.
> 하늘도 당신 손수 지으신 작품이옵니다.
> 그것들은 사라져도 당신은 늘 계시나이다.
> 모든 것은 옷처럼 낡아 없어지나이다.
> 그러나 당신은 언제나 같으신 분.
>
> 시편 102,26-27.28

모든 것은 바뀌고, 모든 것은 사라집니다. 오직 모든 것의 창조주이신 하느님만이 영원히 변치 않으십니다.

하느님은 우리 선조들에게 하신 대로 우리에게도 하십니다. 그분은 참으로 한결같으시며, 만고불변 그 자체이시지요. 그러기에 하느님은 덧없이 흘러가는 우리 인생의 닻이라고 할 수 있습니다.

전능하신 주 하느님, 삶의 흐름 속에서 오직 주님만 생각하고 주님께만 전념하게 하소서.

8월 13일

주님께 네 길을 맡기고 신뢰하여라.
그분이 몸소 해 주시리라.
빛처럼 네 정의를 빛내시고,
대낮처럼 네 공정을 밝히시리라.

시편 37,5-6

많은 사람들이 하느님께 마음을 집중하는 사람들은 인생을 놓친다고 오해합니다. 그러나 그렇지 않습니다. 오히려 주님은 그들이 진정으로 열망하는 것을 그들에게 더 많이 주시지요.

또한 많은 사람들이 성공하려면 열심히 일만 해야 한다는 잘못된 생각을 갖고 있습니다. 그러나 주님은 당신을 신뢰하는 사람들의 삶에서 더욱 힘차게 활동하시는 분입니다.

주 하느님, 많은 일을 한 후에 비가 내려 열매 맺기를 기다리는 농부처럼, 저도 주님의 은총으로 열매 맺기를 기다리게 하소서.

8월 14일

> 주님의 것이라네, 온 땅과 그 안에 가득 찬 것들,
> 온 누리와 그 안에 사는 것들.
>
> 시편 24,1

온 누리는 하느님의 것입니다. 이에 대해 어느 누구도 이의를 제기할 수는 없을 것입니다. 그리고 하느님은 그 안에 있는 모든 것을 사랑하십니다. "하느님께서는 세상을 너무나 사랑하신 나머지……"(요한 3,16)

주님께 속해 있고 주님의 사랑을 받는 이 세상은 하느님의 자녀들이 공동으로 소유하는 것입니다. 따라서 하느님의 자녀인 우리는 세상을 돌보아야 할 책임이 있으며 세상에서 받은 혜택을 서로 나누어야 합니다.

전능하신 하느님, 하느님의 위대하신 창조에 감사드리며, 모든 사람이 하느님께서 사랑하시는 소중한 사람임을 깨닫게 하소서.

8월 15일   성모 승천 대축일

> 억눌린 이를 흙먼지에서 일으켜 세우시고,
> 불쌍한 이를 잿더미에서 들어 올리시는 분.
> 귀족들과, 당신 백성의 귀족들과
> 그를 한자리에 앉히시네.
>
> 시편 113,7-8

하느님은 노예였던 성조 요셉을 들어 높이시어 파라오의 재상이 되게 하셨습니다. 예수님은 하느님이 가난한 사람들에게, 특별히 마음이 가난한 사람들에게 언젠가는 보상을 해 주실 것이라고 일러 주셨습니다.

성모님은 이러한 가르침을 이해하셨습니다. 그리하여 하느님은 성모님을 통하여 독특한 방식으로 가난한 사람들을 들어 높이셨지요. 즉 그분은 성모님의 육신과 영혼을 하늘로 들어 올리셨습니다.

하느님, 성모님의 기도와 모범을 통해 제가 겸손해지도록 도와주소서.

8월 16일

당신 종에게 하신 말씀을 기억하소서.
저는 그 말씀에 희망을 두었나이다.
저를 살리시는 당신 말씀,
고통 속에서도 위로가 되나이다.

시편 119.49-50

우리가 다른 사람들에게 약속을 하거나 서약을 하는 것은, 말이나 행동으로 그 약속이나 서약을 지키기 위해 노력하겠다는 의미입니다.

그럼에도 우리는 가끔 약속을 지키지 못할 때가 있습니다. 그러나 하느님은 언제나 약속을 지키십니다. 그분은 구약 성경에서 하신 당신의 약속을 예수님을 통해 이행하셨지요. 우리의 삶이 고통스러울 때마다 하느님의 약속을 기억한다면 큰 도움이 될 것입니다.

주 하느님. 희망도 생기도 없이 살아가는 모든 사람이 주님께서 하신 약속의 말씀을 통해 힘을 얻게 하소서.

8월 17일

> 주님이 이르신다.
> "가련한 이 핍박당하고 가난한 이 신음하니,
> 이제 내가 일어서리라."
> "그가 갈망하는 대로, 나 그를 구원으로 이끌리라."
>
> 시편 12,6

하느님은 가난하고 짓눌린 사람들의 고통에 현존하십니다. 그들의 고통이 오랫동안 계속될 때에도 말이지요. 마침내 그분은 이스라엘 백성을 구원하셨듯이, 사람들의 고통에 개입하시어 그들에게 구원을 베푸십니다.

따라서 고통받는 사람들은 하느님이 일으켜 주시리라 믿으며, 희망을 잃지 않고 구원을 갈망해야 합니다. 이스라엘 역사와 예수님의 이야기를 기억하면, 그러한 희망은 더욱 굳건해질 것입니다.

주 하느님, 제가 주님께서 이루신 위대한 일들을 생생하게 기억하며 구원을 갈망하게 하소서.

8월 18일

> 저의 재앙을 보고 동무도 이웃도 저를 멀리하며,
> 친척도 멀찍이 물러서 있나이다.
>
> 시편 38,12

우리는 곤경에 처할 때 가족이나 친지, 친구의 동행과 지원이 필요합니다. 그러나 그들이 가장 필요한 이러한 시기에 그들이 보이지 않을 때도 있습니다.

예수님도 당신을 버리고 도망간 제자들을 통해 그러한 경험을 하셨습니다. 그러나 그분은 겁 많은 당신의 제자들을 용서하시고, 그들에게 성령을 주시어 그들을 진정한 친구로 만드셨습니다.

주님, 곤경을 겪는 제 친구나 친지와 함께하시고, 저도 그들과 함께하며 그들을 위로하고 도움을 줄 수 있게 하소서.

8월 19일

> 저는 생각하나이다.
> '비둘기처럼 날개가 있다면,
> 날아가 쉬련마는.
> 폭풍우 세찬 바람 피하여,
> 은신처로 서둘러 가련마는.'
>
> 시편 55,7.9

  우리는 온갖 어려운 상황과 맞닥뜨릴 때, 그 모든 것을 두고 어딘가로 떠나 쉬고 싶어 합니다. 그러나 노아의 방주에서 나온 비둘기는 하느님이 홍수를 물리시어 물이 빠질 때까지 쉴 곳을 찾지 못했지요.

  우리에게는 비둘기와 같은 날개는 없습니다. 그러나 기도 안에서 주님께 날아올라 도와 달라고 애원하며, 우리의 문제를 해결할 내적인 힘을 달라고, 우리의 짐을 지고 갈 힘을 달라고 간청해야 합니다.

전능하신 하느님, 제 주위로 온통 세찬 폭풍우가 몰아칠 때, 제 영혼이 안식과 평화를 누릴 수 있게 하소서.

8월 20일

> 젊어서 얻은 아들들,
> 전사의 손에 들린 화살 같구나.
> 행복하여라, 제 화살 통을
> 가득히 채운 사람!
>
> 시편 127,4-5

 부모는 자녀를 위해서 많은 희생을 치릅니다. 그들은 자녀에게 온갖 정성을 쏟고 돈과 시간을 들이며 잠과 휴식을 희생하지요.

 부모가 그렇게 많은 대가와 희생을 치르는 것은, 그만큼 자녀가 소중하기 때문입니다. 그렇기에 자녀는 부모에게 자신에 대해 더 잘 알려 드리며, 부모에 대한 사랑을 더 자주 표현해야 합니다.

하느님 아버지, 자녀로 인해 받는 부모의 상처를 깨끗하게 치유하소서.

8월 21일

> 나 너를 이끌어 네가 가야 할 길 가르치고,
> 너를 지켜보며 타이르리라.
> 어리석은 노새나 말처럼 되지 마라.
>
> 시편 32,8-9

배움은 필요합니다. 그러나 우리는 스스로 원해서 학교에 가지는 않았을 것입니다. 배운다는 것은 노력을 해야 하는 힘든 일입니다. 그냥 노는 것이 아무래도 더 좋지요.

그러나 하느님은 우리에게 무엇인가를 배울 수 있는 능력을 주셨습니다. 우리가 아무런 배움 없이 산다면 가련한 삶이 되겠지요. 삶을 잘 살기 위한 근본은 하느님께 배우는 것입니다.

주님, 교회를 통하여 제 삶에 대한 주님의 가르침을 찾고 배우도록 저를 이끌어 주소서.

복되신 동정 마리아 모후 기념일

> 오피르 황금으로 단장한 왕비
> 당신 오른쪽에 서 있나이다.
>
> 시편 45,10

사람이 되신 하느님의 아드님은 죽음에 이르기까지 아버지의 뜻에 순종하시어 주님으로 또 임금님으로 들어 높여지셨습니다. 또한 하느님 아버지의 계획에 순종하신 성모님도 우리의 모후로 찬양을 받으십니다.

위대한 인물이 되고자 하는 사람은 이처럼 다른 사람들을 섬기는 종이 되어야 합니다. 이것이 바로 진정한 그리스도인의 자세입니다.

우리의 모후이신 성모님, 하느님께서 성모님을 높이 들어 올리셨으니, 저도 성모님의 모범을 따라 겸손한 종으로 살아가도록, 저를 위하여 빌어 주소서.

8월 23일

> 모두 빗나가,
> 온통 썩어 버려,
> 좋은 일 하는 이가 없구나,
> 하나도 없구나.
>
> 시편 53,4

 죄는 어디에나 있고, 우리는 모두 다 죄인입니다. 하느님은 인류를 이 슬픈 처지에서 구하시고자 우리에게 구세주를 보내 주셨습니다.
 그러나 우리는 종종 우리 스스로를 의인으로 여기고, 다른 사람들을 죄인으로 보면서 그들을 단죄하려고 합니다. 우리가 하느님의 자비를 얻고자 한다면, 우리가 지은 죄를 먼저 깨닫고, 겸손한 마음으로 우리 죄에 대해 하느님께 용서를 청해야 합니다.

하느님, 저의 죄를 깨닫게 하시고, 같은 죄인인 형제들을 연민으로 받아들이도록 저를 도와주소서.

> 주님은 가시는 길마다 의로우시고,
> 하시는 일마다 진실하시네.
> 주님은 당신을 부르는 모든 이에게,
> 진실하게 부르는 모든 이에게 가까이 계시네.
>
> 시편 145,17-18

예수님은 올곧은 나타나엘 곧 바르톨로메오를 보시고 "저 사람은 거짓이 없다."라고 말씀하셨습니다(요한 1,47 참조). 주님은 진실함을 존중하십니다.

우리가 자신의 죄와 한계와 욕망을 인정하고 하느님께 자비와 도우심을 청할 때, 우리는 가장 진실해질 것입니다. 우리가 스스로의 능력과 한계에 대한 진실을 잘 알고 있는지 생각해 봅시다.

주님, 주님의 너그러우신 자비로 주님과 제 자신에게 정직해지고 진실해질 수 있도록 이끌어 주소서.

8월 25일

> 낮도 당신의 것, 밤도 당신의 것.
> 당신이 해와 달을 만드셨나이다.
>
> 시편 74,16

하느님은 빛을 창조하실 때, 어둠을 얼마간 허락하셨습니다. 그때에도 하느님은 밤에 희미한 달빛을 주시어 우리에게 더 밝은 태양의 빛을 떠올리게 하셨지요.

하느님은 종종 우리에게 어둠을 내리기도 하십니다. 그러나 죄와 죽음에 대한 예수님의 승리로, 우리는 결코 희망을 잃지 않습니다. 그리고 마침내 어둠은 하느님의 빛에 굴복할 것입니다.

전능하신 하느님, 저에게 은총을 베푸시어, 모든 일을 저의 선익을 위하여 이루어지게 하시는 하느님의 권능을 신뢰하게 하소서.

8월 26일

> 주님의 뜻은 영원히 이어지고,
> 그 마음속 계획은 대대로 이어진다.
>
> 시편 33,11

우리의 계획은 끊임없이 바뀝니다. 이는 우리에게 그 계획을 성취할 능력이 부족하기 때문이기도 하지만, 더 큰 이유는 우리 마음속 욕구가 때에 따라 이리저리 바뀌기 때문입니다.

그러나 모든 사람을 사랑하시고 구원하시려는 하느님의 열망은 언제나 똑같기에, 그분의 계획은 결코 바뀌지 않습니다. 인간이 하느님께 대들며 저항할 때조차도, 하느님의 계획은 변함 없이 이루어집니다.

주님, 저의 모든 열망과 계획이 오직 주님만을 향하게 하소서.

8월 27일 　　　　　　　　　　　　　성녀 모니카 기념일

> 주님이 내 울음소리 듣고 계신다.
> 주님이 내 간청 들어 주시고,
> 주님이 내 기도 받아 주신다.
>
> 시편 6,9-10

 예수님은 소중한 친구 라자로를 잃고 눈물을 흘리셨습니다(요한 11,34-35 참조). 우리는 소중한 것을 잃었을 때 눈물을 보이지요. 하느님은 이렇게 흘리는 눈물을 그냥 지나치지 않으십니다.
 잘못된 아들을 위하여 눈물로 기도했던 모니카 성녀처럼, 우리도 기도하며 울고 있습니까? 만약 눈물이 나지 않는다면, 우리의 기도와 간청이 진실한지 한번 생각해 보아야 할 것입니다.

주 예수님, 제가 울부짖는 까닭을 잘 아시는 주님 앞에서, 부끄러워하지 않고 제 마음속 열망을 간청하게 하소서.

성 아우구스티노 주교 학자 기념일

주님, 당신 앞에 제 모든 소원 펼치고,
저의 탄식 당신께 감추지 않았나이다.

시편 38,10

우리의 욕망이 우리가 가진 것보다 앞서 나가면 우리는 좌절하게 됩니다. 그러나 우리는 끊임없이 욕망을 추구하기에, 아무리 욕망을 따른다고 해도, 우리의 마음이 완전히 채워지지 않음을 깨닫게 됩니다.

그러나 성인들은 경험을 통해 다른 것을 가르쳐 줍니다. 아우구스티노 성인은 이렇게 부르짖었습니다. "주님, 주님 안에 쉬기까지 저희 마음은 편치 않나이다."

주 하느님, 제 마음을 온전히 채워 주시는 주님만을 찾게 하시고 주님 안에서 만족하게 하소서.

8월 29일   성 요한 세례자의 수난 기념일

저는 태중에서부터 당신께 의지해 왔나이다.
어미 배 속에서부터 당신은 저의 보호자시니,
저는 언제나 당신을 찬양하나이다.

시편 71.6

요한 세례자는 태중에서부터 예수님을 알아보았습니다. 그리고 그는 진리를 수호하기 위해 자기 무덤 속으로 들어갔지요.

하느님은 죽음을 위하여 인간을 창조하지 않으셨습니다. 우리는 태중에서부터 하느님이 우리에게 바라신 대로 생명을 가지고 인간의 삶으로 태어났지요. 따라서 그분은 우리가 무덤 속으로 들어갈 때, 우리에게 새로운 생명을 가져다주실 것입니다.

주 하느님, 주님께서는 저희를 소중히 여기시기에, 저희는 죽음도 두려워하지 않나이다. 어린아이 같은 놀라움으로 저희를 가득 채우시어, 저희가 날마다 주님께 찬양을 드리게 하소서.

8월 30일

> 나를 거슬러 군대가 진을 쳐도,
> 내 마음 두렵지 않으리라.
> 나를 거슬러 전쟁이 일어나도,
> 그래도 나는 안심하리라.
>
> 시편 27.3

군대는 사람을 죽이고, 전쟁은 세상을 파괴합니다. 이것은 결코 무시하거나 부정할 수는 없는 사실이지요. 그러나 하느님이 예수님을 처형한 사람들에게 승리하셨듯이, 결국에는 하느님이 승리하시리라는 것을 우리는 잘 압니다.

다른 사람들이 죄악을 저지르더라도, 우리가 죄악에 흔들리거나 스스로 죄악에 의존하지만 않는다면, 우리의 영원한 구원은 위협받지 않을 것입니다.

주 하느님, 제가 죄악에 맞설 때 저의 두려움을 없애 주시고, 주님만을 더욱더 신뢰하게 하소서.

8월 31일

> 당신의 말씀 보내시어 낫게 하시고,
> 구렁에서 그들을 구해 내셨네.
> 주님께 감사하여라, 그 자애를,
> 사람들에게 베푸신 그 기적을.
>
> 시편 107,20-21

하느님은 당신 말씀을 보내시어 예수님 안에서 사람이 되게 하셨습니다. 그리고 예수님은 하느님의 말씀으로 병자들을 치유하시고, 많은 사람들을 죽음에서 구해 내셨지요. 그리하여 예수님은 우리를 무덤에서 다시 일으키시고, 당신께 충실한 이들을 죽음에서 구해 내실 것입니다.

따라서 우리는 하느님이 베푸신 자애와 기적에 감사드리며, 다른 이들에게 예수님이 그들을 치유해 주시고 죽음에서 구해 내시리라는 기쁜 소식을 선포해야 합니다.

주 하느님, 주님의 호의가 모든 경계를 넘고, 주님께 올리는 저희의 찬양이 땅끝에 이르게 하소서.

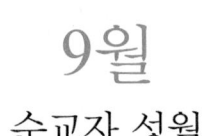

9월
순교자 성월

9월 1일

주님의 영광은 영원하리라.
주님은 당신이 이루신 일을 기뻐하시리라.

시편 104,31

하느님이 세상을 창조하셨을 때, 하느님은 당신의 작품에서, 특히 인간에게서 그 기쁨을 찾으셨습니다. 그러나 하느님의 기쁨은 인간의 죄로 인해 가로막혔지요.

하느님의 영광은 그리스도를 통해, 세상에 나타나 사람들을 영광스럽게 변모시켰습니다. 그리하여 하느님의 영광이 다시 땅 위에 머물고, 사람들은 그분께 커다란 기쁨을 드리게 되었습니다.

주님, 주님 영광의 광채가 저를 변모시키어, 주님께서 저를 두고 기뻐하실 수 있게 하소서.

9월 2일

그들은 말한다이다.
"주님은 보지 않는다.
야곱의 하느님은 모른다."
귀를 심으신 분이 듣지 못하신단 말이냐?
눈을 빚으신 분이 보지 못하신단 말이냐?

시편 94,7.9

우리는 누군가 보고 있다고 의식할 때 더 잘 행동하려고 합니다. 사실 하느님은 언제나 우리를 지켜보고 계시는데 말이지요. 그러나 그분은 우리의 잘못을 잡아내려는 것이 아니라 우리를 보호하기 위해 지켜보십니다.

하느님의 시선 아래서, 우리는 언제나 바르고 의로운 것을 말하고 행동하며, 진실하게 살면서 하느님을 기쁘게 해 드려야 합니다.

주 하느님, 사랑하는 주님의 시선 아래서, 식별하는 주님의 눈을 통하여 제 자신을 보게 하소서.

9월 3일

> 높은 곳에서 손을 뻗쳐 나를 붙드시고,
> 깊은 물에서 그분은 나를 건져 주셨네.
>
> 시편 18,17

우리는 수영하러 갈 때 결코 인명 구조원이 필요한 상황이 오지 않기를 바랍니다. 그러나 혹시라도 문제가 생겼을 때, 구조원이 우리를 구하러 달려오면 얼마나 좋겠습니까! 하느님도 우리에게 그렇게 달려오십니다.

우리는 때때로 삶의 곤경이라는 물에 빠집니다. 베드로 사도가 예수님께 구해 달라고 소리를 질렀듯이, 우리가 주님께 구원을 부르짖으면, 주님이 우리를 붙드시어 살려 주실 것입니다.

주님, 온갖 곤경이 저를 집어삼키려 하오니, 저를 구해 주소서.

9월 4일

> 저의 반석, 저의 구원자이신 주님,
> 제 입으로 드리는 말씀, 제 마음속 생각
> 당신 마음에 들게 하소서.
>
> 시편 19.15

말은 씨앗의 껍질이고 생각은 그 알맹이입니다. 우리에게는 둘 다 필요하지요. 껍질이 튼실해 보이는 씨앗도 알맹이가 썩어 있으면 아무런 쓸모가 없습니다. 우리가 하는 말도 그러합니다.

하느님은 우리를 속속들이 다 아십니다. 따라서 우리는 그분과 이웃에 대한 감사와 사랑으로 우리의 마음을 가득 채우고, 사람들의 힘을 북돋아 주는 친절한 말을 우리 입에 담아 주시도록 그분께 간청해야 합니다.

주님, 저의 말과 생각을 주님께 합당한 것으로 바꾸어 주소서.

9월 5일

내게 귀를 기울이시라고
나 하느님께 부르짖네.
소리 높여 하느님께 부르짖네.
곤경의 날에 내가 주님을 찾네.

시편 77,2-3

기도는 하느님 앞에 나아가는 것이기에, 우리는 그저 빈말이 아니라 진심을 담아 기도해야 합니다. 그리고 기대와 열망을 담은 목소리로 기도해야 합니다.

하느님의 아드님은 아버지께 큰 소리로 부르짖으셨습니다. 그리하여 하느님은 그 기도를 들으시고 그분을 죽은 이들 가운데서 다시 일으키셨습니다.

하느님 아버지, 어렸을 적에 제가 부모님께 울부짖었듯이 아버지께 부르짖사오니, 제 기도를 들어주소서.

> 사람들은 일터로 나가
> 저녁까지 수고하나이다.
>
> 시편 104,23

예수님은 당신 제자들에게, 하느님의 일은 낮 동안에 해야 하며, 밤이 다가오면 아무도 일하지 못한다고 말씀하셨습니다(요한 9,4 참조).

노동은 삶의 리듬 안에 자리 잡고 있습니다. 노동은 삶에서 결코 무의미하지 않지만, 우리의 삶을 압도해서도 안 됩니다. 이것은 우리가 기도하며 묵상해야 할 문제입니다.

주 하느님, 주님의 뜻에 맞게 일하고 쉴 수 있는 지혜를 주소서.

9월 7일

주님, 당신은 어질고 용서하시는 분,
당신을 부르는 모든 이에게 자애가 넘치시나이다.

시편 86.5

하느님은 되찾은 아들의 비유에 나오는 아버지처럼, 언제나 자애로우시고 기꺼이 용서해 주십니다. 그러나 이 비유에 나오는 작은아들처럼, 하느님의 용서는 우리가 찾아 나설 때에만 얻을 수 있지요(루카 15,11-24 참조).

우리가 큰아들 또는 바리사이들처럼 행동한다면, 우리는 우리의 죄 속에서 뒹굴게 될 것입니다.

사랑하는 하느님 아버지, 제가 교만과 나태를 이겨 내기 위해 노력하며 아버지의 용서를 청하오니, 자애를 베푸시어 저를 용서해 주소서.

복되신 동정 마리아 탄생 축일 — 9월 8일

> 저는 모태에서부터 당신께 맡겨졌고,
> 어미 배 속에서부터
> 당신은 저의 하느님이시옵니다.
>
> 시편 22,11

고대 전승에 따르면, 엘카나와 한나가 성전에서 사무엘을 키웠듯이(1사무 1,21-28 참조), 요아킴 성인과 안나 성녀는 성모님을 경건하게 키우며 어릴 때부터 성모님에게 성전에서 하느님을 섬기게 했다고 합니다.

많은 아이들이 신앙 안에서 자라나지만, 그렇지 못한 아이들도 있습니다. 특별히 부모와 조부모 그리고 대부모는 아이들과 청소년, 청년들이 하느님을 믿고 따를 수 있도록 최선을 다해야 합니다.

주님, 주님께서 주신 신앙의 은총에 감사드리며, 이 신앙을 자손들에게 잘 전하도록 저를 이끌어 주소서.

9월 9일

> 주님, 당신은 가난한 이의 소원을 들으시고,
> 그 마음 굳세게 하시며 귀를 기울이시나이다.
>
> 시편 10,17

주님은 가난하고 짓밟힌 사람들이 당신께 기도하기도 전에 그들의 염원을 이미 알고 계십니다. 그리고 그들의 기도에 응답하시어 그들을 희망으로 가득 채워 주시지요.

우리도 가난한 사람들에게 관심을 가지고 그들의 요구에 응답해야 합니다. 루카 복음서에 나오는 부자(루카 16,19-22 참조)처럼, 우리는 대문 앞에 있는 가난한 라자로에게 조금도 관심을 보이지 않을 때가 많지요. 그러나 우리 그리스도인은 다르게 행동해야 합니다. 그가 바로 우리 주님이시기 때문입니다.

주님, 제 눈과 마음을 열어 주시어, 가난한 사람들 안에서 주님을 알아 뵙고 그들을 도울 수 있도록 용기를 주소서.

9월 10일

> 나쁜 소식에도 그는 겁내지 않고,
> 그 마음 굳게 주님을 신뢰하네.
> 그 마음 굳세어 두려워하지 않네.
>
> 시편 112,7-8

때때로 매우 가까운 곳에서 나쁜 소식들이 전해집니다. 우리의 한계와 나약함을 생각할 때 나쁜 소식에 두려워지는 것은 당연하지요. 물 위를 걷던 베드로 사도가 거센 바람을 보고 두려워 물에 빠졌듯이 말입니다(마태 14,28-30 참조).

따라서 우리가 지닌 문제를 넘어 하느님을 바라보는 것은 매우 중요합니다. 우리가 하느님을 신뢰한다면, 우리의 두려움은 사라질 것입니다. 그리고 우리 삶의 풍랑 속을 안전하게 헤쳐 나갈 수 있을 것입니다.

주 하느님, 제 마음을 굳세게 하시고 오직 주님만을 바라보며 삶의 온갖 폭풍 속을 헤쳐 나가게 하소서.

9월 11일

> 우러러 당신 손가락으로 빚으신 하늘하며
> 굳건히 세우신 달과 별들을 바라보나이다.
> 인간이 무엇이기에 이토록 기억해 주시나이까?
>
> 시편 8,4-5

우리 은하에는 별이 약 2,000억 개 있다고 합니다. 이 별들을 혼자서 세려면 2,500년은 더 걸리겠지요.

이러한 창조의 광대무변함을 생각하면, 우리는 위대하신 하느님과 그 무한하신 사랑에 대한 경탄으로 가득 찹니다. 그리고 하느님이 사람을 당신의 모상으로 창조하시고 마침내 사람이 되시어 우리 가운데 사신 까닭을 오직 사랑으로만 설명할 수 있을 것입니다.

전능하신 주 하느님, 주님의 위대하신 창조와 사랑을 진심으로 찬양하게 하소서.

지극히 거룩하신 마리아 성명 9월 12일

> 내 영혼아, 주님을 찬미하여라.
> 내 안의 모든 것도 거룩하신 그 이름 찬미하여라.
>
> 시편 103,1

하느님의 이름은 거룩하고 또한 매우 특별합니다. 하느님의 이름을 찬미하는 것은 하느님께 좋은 말씀을 드리고 그분을 찬양하는 것이지요. 이 시편의 메아리가 주님을 찬양하신 성모님의 노래로 울려 퍼집니다.

엘리사벳이 성모님을 축복했을 때, 성모님은 "모든 세대가 나를 행복하다 하리니."라고 예언하셨습니다(루카 1,48 참조). 성모님의 이름 또한 거룩합니다. 따라서 그분을 공경하는 것은 그분을 선택하시고 은총을 베푸신 하느님께 영광을 드리는 것입니다.

하느님, 성모님을 통하여 하느님께서 하신 일에 감사드리오니, 저희가 성모님의 이름을 부르며 그분을 공경하게 하소서.

9월 13일 — 성 요한 크리소스토모 주교 학자 기념일

> 내 입은 지혜를 말하리라.
> 내 마음속 생각은 슬기롭다.
>
> 시편 49,4

우리는 말을 하고 나서 후회하는 경우가 많습니다. 그렇게 생각했을 때, 시편 작가의 말은 우리와 맞지 않는 것 같습니다.

그러나 한편으로 우리는 말에서 많은 것을 배울 수 있습니다. 그리고 하느님은 우리를 깨우치고 바로잡아 주시기 위해 전 역사를 통하여 지혜로운 현인들을 많이 보내 주셨습니다.

성령님, 저에게 진리를 이해하고 말할 수 있는 지혜를 주소서.

성 십자가 현양 축일

> 나 이제 아노라,
> 주님은 당신 메시아를 구원하셨네.
> 주님이 거룩한 하늘에서
> 당신 오른손이 이루신 구원으로
> 그에게 응답하시리라.
>
> 시편 20,7

하느님은 당신 아드님을 성령으로 도유하시어, 아드님이 그분의 원수들과 십자가와 죽음을 물리치고 승리하게 하셨습니다. 예수님의 제자들인 우리도 성령으로 도유를 받았지요.

죄악을 물리치고 승리를 얻은 사람들은 바로 예수님을 믿고 그 믿음으로 살아갑니다. 오늘은 이러한 믿음으로 성장할 수 있도록 주님께 간청하기에 좋은 날입니다.

전능하신 주 하느님, 저희는 주님을 믿사오니, 저희의 부족한 믿음이 성장하게 하소서.

> 당신을 경외하는 이들 위해 간직하신 그 선하심,
> 얼마나 크시옵니까!
> 주님은 당신께 피신하는 이들에게,
> 사람들 보는 데서 그 선을 베푸시나이다.
>
> 시편 31,20

우리가 언제나 하느님의 선하심을 체험하는 것은 아닙니다. 그러나 그분의 선하심을 체험할 수 없을 때에도 은총은 쌓여 갑니다. 예수님이 고난받으실 때에도, 그분의 어머니이신 성모님이 고통받으실 때에도 그러했습니다.

시련이 닥쳐올 때, 우리는 예레미야 예언자를 통하여 하신 하느님의 약속을 기억해야 합니다. "나는 그들의 슬픔을 기쁨으로 바꾸고 그들을 위로하며 근심 대신 즐거움을 주리라."(예레 31,13)

주님, 주님의 나라에 들어가기까지 저희가 많은 시련을 겪어야 하더라도, 언제나 주님께서 저의 힘이시며 피신처이심을 일깨워 주소서.

9월 16일

저는 하느님의 제단으로 나아가오리다.
제 기쁨과 즐거움이신 하느님께 나아가오리다.

시편 43,4

사랑하는 사람에게 줄 선물을 사기 위해 쓰는 돈은 우리에게 전혀 부담이 되지 않습니다. 그 사람이 우리에게 기쁨을 주기 때문에 그렇지요. 마찬가지로, 하느님이 우리에게 기쁨을 주시기 때문에, 우리의 시간과 힘과 자원을 하느님의 제단에 바치는 것은 부담이 되는 일이 아닙니다.

주님은 수많은 방법으로 우리를 기쁨으로 가득 채워 주십니다. 또한 당신의 사랑과 섭리, 그리고 당신의 용서를 우리에게 베풀어 주십니다.

하느님, 사랑하는 친구가 베푸는 잔치에 참여하듯이, 제가 미사에 참여하도록 저를 이끌어 주소서.

9월 17일

하느님, 저를 샅샅이 보시고 제 마음을 알아주소서.
저를 꿰뚫어 보시고 제 생각을 알아주소서.
저의 길이 굽었는지 살펴보시고
영원한 길로 저를 이끄소서.

시편 139,23-24

병원에서든 학교에서든 시험을 즐기는 사람은 없습니다. 그러나 진단이나 평가를 받지 않으면, 우리의 건강이나 배움은 위태로워질 수 있지요. 그래서 현명한 시편 작가는 하느님께 자신을 시험해 달라고 기도합니다.

하느님은 우리가 아는 것보다도 우리 자신을 더 잘 알고 계십니다. 하느님은 우리에게 우리 마음을 보여 주시며, 그 마음의 상처와 응어리를 치유하여 거룩해지도록 우리를 이끌어 주십니다.

주님, 저를 가엾게 여기시고 용서하시는 주님의 눈으로, 제 마음을 분명하게 볼 수 있도록 도와주소서.

9월 18일

주님, 당신 업적 얼마나 많사옵니까!
그 모든 것 당신 슬기로 이루시니
온 세상은 당신이 지으신 것으로 가득하옵니다.

시편 104,24

인간은 하느님이 창조하신 지상의 모든 피조물을 다 발견할 수도 없고, 그 피조물의 목록을 완성할 수도 없습니다. 그 방대한 수효는 하느님의 놀라우신 권능과 사랑의 한 부분을 드러냅니다.

하느님의 '작품'에는 우리 한 사람 한 사람의 인생을 통하여 하느님이 이루신 놀라운 일이 모두 들어갑니다. 하느님은 언제나 모든 사람이 구원받고 충만한 삶을 체험하도록 이끌고 계십니다.

주 하느님, 제 삶에서 이루시는 주님의 일들을 제대로 보고 깨닫게 하소서.

9월 19일

> 해 뜨는 데서 해 지는 데가 먼 것처럼
> 우리의 허물들을 멀리 치우시네.
>
> 시편 103,12

우리가 가진 모든 것이 끝까지 좋은 것은 아닙니다. 처음에는 좋았다 해도, 시간이 가면서 낡고 부서지거나 싫증이 나지요. 그래서 우리는 그러한 것들을 치우며 쓰레기로 내다 버립니다.

우리가 하는 모든 행동도 다 좋지는 않습니다. 어떤 것은 죄나 범죄가 되지요. 하느님은 예수님을 보내시어 인간의 '허물'을 치우게 하셨습니다. 그리고 예수님은 고해성사를 통해 당신을 따르는 모든 제자 한 사람 한 사람의 허물을 치우고 계십니다.

하느님, 제가 제 방의 잡동사니를 치우듯이, 고해성사를 통해 제 삶의 죄들을 치우게 하소서.

행복하여라, 주님을 하느님으로 모시는 민족!

시편 33,12

이스라엘은 오래전에 주님을 자기네 하느님으로 모시는 특권을 받았습니다. 주님은 그들에게 많은 복을 내려 주셨지요. 그러나 주님이 이스라엘에게만 이러한 특권을 주신 것은 아닙니다.

하느님께 순종하는 모든 백성은 그분이 주시는 복을 받습니다. 우리 신앙의 선조들은 죽음에 이르기까지 하느님께 순종했으며, 그들의 고난과 순교를 통하여 우리는 지금 하느님의 풍성한 복을 받아 누리고 있습니다.

주님, 모든 그리스도인이 주님의 지혜와 자신의 믿음을 다른 이들과 함께 나누게 하시어, 우리의 다음 세대가 더 많은 복을 누리게 하소서.

아름다운 말이 마음에서 우러나와
임금님께 제 노래 읊어 드리나이다.
제 혀는 능숙한 서기의 붓이옵니다.

시편 45,2

마음속에 있는 것은 언젠가 입으로 나옵니다. 우리 마음이 고귀한 일에 집중하고 있다면, 우리 입에서는 아름다운 말이 나오겠지요.

복음사가들은 지극히 고귀하신 예수님에 대하여 이야기했습니다. 그들은 그분에 대한 사실만이 아니라 예수님 자체를 전하고자 했기에, 우리는 복음서에서 예수님에 대한 사랑을 볼 수 있습니다.

하느님, 제 마음을 지극히 고귀하신 예수님으로 가득 채우시어, 지혜와 사랑으로 예수님을 이야기하게 하소서.

9월 22일

당신 말씀 제 혀에 얼마나 달콤한지!
그 말씀 제 입에 꿀보다 다웁니다.
당신 규정으로 저는 지혜를 얻어,
거짓된 모든 길을 미워하나이다.

시편 119,103-104

하느님의 말씀은 기쁜 소식입니다. 하느님은 좋으신 분이기에, 우리를 사랑하십니다. 그리고 그분은 우리를 사랑하시기에, 우리가 좋은 사람이 되기를 바라십니다.

그리하여 예수님은 회개를 촉구하시면서 하느님의 나라가 가까이 왔다는 기쁜 소식을 선포하셨습니다. 주님이신 예수님은 우리가 당신의 말씀과 행동을 진실하게 따르도록 도와주십니다.

주 예수님, 달든 쓰든, 주님의 말씀을 진실하게 따르게 하소서.

9월 23일

> 우상은 입이 있어도 말하지 못하고,
> 눈이 있어도 보지 못하며,
> 귀가 있어도 듣지 못하네.
> 만든 자도 믿는 자도
> 모두 그것들 같다네.
>
> 시편 115,5-6.8

고대 사람들은 결코 자기들의 희망을 실현시켜 줄 수 없는 우상을 숭배했습니다. 그러나 우상은 생명이 없기에, 그것을 숭배하는 인간보다 더 힘이 없다고 할 수 있지요.

우리는 행복을 찾는다면서 경력이나 재산을 쌓는 데 모든 노력을 쏟아붓습니다. 그러나 이러한 것들은 우리에게 행복을 가져다줄 수 없습니다. 우리는 그러한 우상을 섬김으로써 보통의 인간보다 더 못한 존재가 되고 맙니다.

전능하신 하느님, 제가 섬기는 이 시대의 우상을 깨닫고 이를 단호히 물리치도록 저를 도와주소서.

9월 24일

평안할 때 저는 말하였나이다.
"나는 영원히 흔들리지 않으리라."
주님, 당신 호의로 저를 튼튼한 산성에 세우셨어도,
당신 얼굴 감추시자 저는 겁에 질렸나이다.

시편 30,7-8

평안하고 좋은 시절에는 자신의 능력 덕분에 성공했다고 잘못 생각하고는 합니다. 불운을 겪고 나서야, 우리가 스스로를 너무 믿었다는 것을 깨닫게 되지요.

우리는 성공을 하지 못할 때 오히려 겸손과 지혜를 얻습니다. 따라서 우리는 좋은 시절에는 하느님께 감사하는 법을 배우고, 힘든 시절에는 하느님께 도우심을 청해야 합니다.

주 하느님, 우리가 성공하려고 노력할 때, 주님의 강복이 반드시 필요하다는 것을 깨닫게 하소서.

9월 25일

> 의인은 늙어서도 열매 맺고,
> 물이 올라 싱싱하리라.
>
> 시편 92,15

시편 작가는 의인들을 초목에 비유합니다. 의인들도 죄인들처럼 나이가 들지만, 그들은 늙어서도 싱싱하게 열매를 맺습니다.

의인들은 모든 생명의 근원이신 하느님에게서 자양분을 끌어올리고, 이를 하느님의 은총으로 다른 사람들에게 전해 줍니다.

하느님, 제가 하느님의 사랑으로 싱싱하게 살아가며 풍성한 열매를 맺고, 다른 사람들이 성장하는 것을 돕게 하소서.

9월 26일

> 당신께 바라오니,
> 흠 없고 올곧게 저를 지켜 주소서.
>
> 시편 25,21

주님은 좋으신 분, 의로우시고 올곧으신 분입니다. 그러나 우리의 세상은 죄악과 불의와 폭력으로 가득 차 있습니다. 좋은 사람들도 흠 없이 살아가기 힘들지요.

그러나 우리가 만물의 기원이며 목적이신 주님께 우리의 희망을 둔다면, 우리는 험한 세상에서도 흠 없이 올곧게 살아갈 수 있을 것입니다.

주님, 의혹과 냉소의 마음을 품지 않게 하시고, 기쁨과 평화로 저를 가득 채워 주소서.

9월 27일   성 빈첸시오 드 폴 사제 기념일

> 힘없는 이와 고아의 권리를 찾아 주고,
> 가난한 이, 불쌍한 이에게 정의를 베풀어라.
>
> 시편 82,3

하느님은 고아들의 아버지이시며 과부들의 보호자이십니다. 하느님을 믿는 우리는 사회의 약자들에게 일어나는 모든 일을 해결할 수는 없다 하더라도, 우리가 지닌 책임을 다해야 합니다.

자녀가 부모를 닮듯이, 우리는 하느님의 모습을 지니고 있습니다. 그렇기 때문에 하느님을 닮도록 노력해야 하지요. 우리가 그분이 하시는 대로 행동하여 하느님의 나라를 진전시키는 것은 우리의 특권이며 영광입니다.

전능하신 하느님, 저에게 은총을 베푸시어, 제가 하느님을 도와 가장 힘없는 사람들을 돌보게 하소서.

9월 28일

> 우리가 이미 들어 아는 것을,
> 조상들이 우리에게 들려준 것을 전하리라.
> 주님의 영광스러운 행적과 권능을
> 우리 자손들에게 숨기지 않고,
> 다가올 세대에게 들려주려 하노라.
>
> 시편 78,3-4

인간이 진보하기 위해서는 교육이 필요합니다. 따라서 우리는 어릴 때 받았던 교육을 다음 세대에 전해 주어야 합니다.

여기서 교육의 핵심은 하느님에 대한 지식을 전하는 것입니다. 하느님의 행적과 구원의 길을 그들에게 가르쳐야 하지요. 하느님에 대하여 배우지 않으면, 우리가 어디서 와서 어디로 가는지 모르게 됩니다.

전능하신 하느님, 저를 도우시어, 하느님에 대한 지식과 저희를 구원하시는 하느님의 길을 다음 세대에 전하게 하소서.

9월 29일 — 성 미카엘, 가브리엘, 라파엘 대천사 축일

주님을 찬미하여라,
주님의 모든 천사들아.
그분 말씀에 귀 기울이고
그분 말씀을 따르는 힘센 용사들아.

시편 103,20

하느님의 천사들과 대천사들은 막강한 힘을 지녔습니다. 그들은 그 힘을 오직 하느님 마음에 드는 일을 하는 데 씁니다.

천사들만큼은 아니지만, 우리도 세상에서 무수히 좋은 일을 할 수 있는 힘을 지니고 있습니다. 하느님이 우리를 통하여 이루시고자 하는 일을 찾으면서, 천사들에게 도움을 청해 봅시다.

전능하신 주 하느님, 복음을 위하여 기꺼이 고난을 받아들이도록, 주님과 천사들의 힘으로 저를 도와주소서.

성 예로니모 사제 학자 기념일 — 9월 30일

> 당신 말씀 밝히시면 그 빛으로
> 미련한 이들을 깨우치나이다.
>
> 시편 119,130

우리가 어떠한 글자를 읽을 줄 안다고 해도, 그 의미까지 제대로 알지 못할 때가 있습니다. 성경에 있는 하느님 말씀도 그와 같을 수 있습니다.

사도행전에 나오는 에티오피아 고관은 필리포스가 그 의미를 설명해 줄 때까지 이사야 예언서의 구절을 이해할 수 없었습니다(사도 8,26-39 참조). 그처럼 우리에게도 우리를 이끌어 줄 유능한 교사가 필요합니다.

하느님, 저에게 그리스도교 신앙을 가르쳐 준 이들을 보내 주심에 감사드리나이다. 저와 그들을 끊임없이 도우시어, 하느님의 말씀을 이해하고 그 말씀을 다른 이에게 전할 수 있게 하소서.

10월
묵주 기도 성월

10월 1일   아기 예수의 성녀 데레사 동정 학자 기념일

> 오히려 저는 제 영혼을 다독이고 달랬나이다.
> 제 영혼은 마치 젖 뗀 아기,
> 어미 품에 안긴 아기 같사옵니다.
>
> 시편 131,2

우리가 어렸을 때에는 나중에 자라면 원하는 것을 마음껏 할 수 있고, 그래서 행복해질 수 있다고 생각했습니다. 그러나 나이가 들어서야 그렇지 않다는 것을 깨닫지요. 우리가 하고 싶은 대로 할 수 있다고 해도, 언제나 더 행복해지는 것은 아닙니다.

예수님은 하느님 나라에 들어가려면 아이들처럼 되어야 한다고 말씀하셨습니다(마태 19,14; 마르 10,14; 루카 18,16 참조). 우리가 하느님 아버지가 원하시는 것을 했을 때, 그분의 행복을 나누어 받을 수 있을 것입니다.

주 예수님, 주님께서 하셨던 대로, 하느님 아버지의 뜻을 이행하는 데서 기쁨을 찾을 수 있게 하소서.

수호천사 기념일

10월 2일

> 그분이 당신 천사들에게 명령하시어,
> 네가 가는 모든 길을 지켜 주시리라.
>
> 시편 91,11

하느님은 천사를 보내시어 이스라엘이 약속의 땅으로 가는 길을 지켜 주겠다고 약속하셨습니다(탈출 23,20 참조). 또한 라파엘 천사를 보내시어 토비야와 함께 메디아를 다녀오게 하셨지요(토빗 5,4-22 참조). 이처럼 주님의 천사들은 하느님을 충실히 믿는 이들을 보호하고 돕습니다.

그러나 우리는 하느님이 베푸시는 이러한 호의를 믿고서 스스로를 해치는 길로 들어서서는 안 됩니다. 이는 하느님의 천사들이 보호해 줄 것이라며 성전 꼭대기에서 뛰어내려 보라고 한 악마의 유혹을 물리치신 예수님이 우리에게 남기신 교훈입니다(마태 4,5-7; 루카 4,9-12 참조).

하느님, 저희를 지켜 주는 천사를 보내 주심에 감사드리나이다.

10월 3일

> 만군의 주님이 우리와 함께 계시네.
> 야곱의 하느님이 우리의 산성이시네.
> 와서 보아라, 주님의 업적을,
> 이 세상에 이루신 놀라운 일을!
>
> 시편 46,8-9

우리가 풍요를 누리며 평안히 살 때에는 하느님이 우리와 함께 계신다는 사실에 쉽게 수긍할 것입니다. 그러나 형편이 어렵고 불안할 때에는 그렇게 생각하기가 쉽지 않습니다.

하느님은 더욱 충만하고 지속적인 방식으로 우리와 함께 계시고자 예수님을 통해 사람이 되셨습니다. 예수님은 우리와 함께 계시는 하느님이시지요. 예수님은 승천하실 때 우리에게 이렇게 약속하셨습니다. "보라, 내가 세상 끝 날까지 언제나 너희와 함께 있겠다."(마태 28,20)

주님, 교회와 성사와 말씀 안에 계시는 주님의 현존을 믿으며, 제가 온갖 어려움을 겪을 때 저를 붙들어 주소서.

아시시의 성 프란치스코 기념일 — 10월 4일

> 주님, 모든 조물이 당신을 찬송하고,
> 당신께 충실한 이들이 당신을 찬미하나이다.
> 당신 나라의 영광을 노래하고,
> 당신의 권능을 이야기하나이다.
>
> 시편 145,10-11

자연계는 그 아름다움으로 창조주 하느님께 침묵의 찬양을 드립니다. 우리 인간도 창조의 일부이지요. 따라서 프란치스코 성인이 말한 대로, 해는 우리 형님이고, 달은 우리 누님입니다.

우리는 입이 있어, 우리 목소리로 하느님을 찬양할 수도 있고, 또는 찬양하지 않을 수도 있습니다. 우리는 우리의 말과 행동으로 하느님을 찬미할 수도 있고, 또 찬미하지 않을 수도 있지요. 여기서 우리는 올바른 선택을 해야 합니다.

주님, 제 마음과 입술을 주님의 모든 은총에 대한 감사로 가득 채워 주소서. 특별히 자연을 선물로 주심에, 감사드리게 하소서.

10월 5일

> 내 계약을 더럽히지 않고,
> 내 입술로 한 말을 바꾸지 않으리라.
> 내 거룩함을 걸고 단 한 번 맹세하였노라.
> 나는 결코 다윗을 속이지 않으리라.
>
> 시편 89,35-36

이 얼마나 대단한 맹세입니까! 하느님은 다윗 임금에게 당신이 하신 맹세를 결코 깨뜨리지 않겠다고 약속하셨습니다. 그리고 다윗 임금의 자손이 이스라엘과 모든 민족을 다스릴 것이라고 약속하셨지요.

하느님은 이 계약을 충실히 지키시어, 당신 아드님을 다윗의 후손인 요셉 성인과 약혼한 성모님에게서 태어나게 하셨습니다. 그리고 하느님은 예수님께 기름을 부으시어 메시아 곧 그리스도로 세우셨습니다.

하느님, 예수님을 '그리스도'라고 부를 때마다 저는 계약을 충실히 지키신 하느님을 생각하오니, 저도 하느님께 충실할 수 있도록 이끌어 주소서.

10월 6일

> 내가 하느님께 부르짖으면,
> 주님은 나를 구해 주시리라.
> 저녁에도 아침에도 한낮에도
> 나는 탄식하며 신음하네.
> 그분은 내 목소리 들어주시리라.
>
> 시편 55,17-18

물건을 샀을 때, 그 물건이 우리가 기대한 것과 다르면, 우리는 고객 센터에 연락하여 문제를 제기합니다. 그런데 우리의 삶에 문제가 생길 때에도 우리가 호소할 수 있는 분이 계십니다. 바로 하느님이시지요.

우리가 하느님께 청원드리면, 기대 이상의 것을 보장받게 됩니다. 예수님도 하느님 아버지께 호소하시어, 부활의 영광스러운 생명을 받으셨습니다.

하느님 아버지, 저에게 믿음을 주시어, 아버지께서 저의 기도에 온전히 응답해 주시리라는 것을 믿게 하소서.

10월 7일 　 묵주 기도의 복되신 동정 마리아 기념일

> 저는 주님 업적을 생각하나이다.
> 당신의 모든 행적을 되새기고,
> 당신이 하신 일들을 묵상하나이다.
>
> 시편 77,12.13

　성모님은 하느님이 자신의 삶에 안배하신 일들을 이해하셨습니다. 그리고 하느님이 이루신 엄청난 일들을 곰곰이 되새기며 묵상하셨지요.
　성모님과 함께 묵주 기도를 바칠 때, 우리도 하느님이 우리에게 하신 일들을 묵상하며, 기쁠 때나 슬플 때나 우리 삶에 현존하시는 하느님에 대한 신뢰를 배울 수 있습니다.

주 예수님, 주님의 어머니를 저희 어머니로 주심에 감사드리나이다. 주님 생애의 사건들을 충만한 신앙으로 묵상하신 어머니를 본받도록 저희를 도와주소서.

10월 8일

> 주님은 당신 백성을 버리지 않으시고,
> 당신 소유를 저버리지 않으신다.
>
> 시편 94,14

세상에 있는 교회는 하느님의 특별한 소유이자 유산입니다. 그런데 역사적으로 교회의 지체들이 저지른 집단적이고 통탄스러운 죄 때문에 교회가 흔들린 적도 있었습니다.

그런데 이처럼 우리가 충실하지 못할 때에도, 주님은 언제나 진실하십니다. 주님의 백성에게 어려움이 찾아들 때, 우리는 주님이 허락하시는 시련 또한 주님의 진실하심을 보여 주는 표지임을 깨달아야 합니다.

주 예수님, 이 세상이 주님을 믿을 수 있도록 주님의 백성들을 되돌리시고 또 새롭게 하소서.

10월 9일

> 하느님의 길은 결백하고,
> 주님의 말씀은 순수하며,
> 당신께 피신하는 모든 이에게
> 그분은 방패가 되신다.
>
> 시편 18,31

  우리는 종종 누군가를 비난하거나 또는 칭찬합니다. 주로 칭찬보다는 비난을 할 때가 많지요. 더 나아가 우리가 비난하는 사람들로 인해 하느님을 비난할 때도 있습니다.

  인간이 하느님의 법과 뜻을 거슬러 행동한다고 하더라도, 하느님은 인간에게 자유 의지를 주셨기에, 결코 그분을 비난해서는 안 됩니다. 우리가 하느님께 더 순종했더라면, 세상은 훨씬 더 좋아졌을 것입니다.

주님, 저를 도우시어, 주님과 다른 사람들에 대한 비난의 손가락질을 멈추고, 주님의 뜻을 충실히 따르게 하소서.

10월 10일

> 감사하며 그분 문으로 들어가라.
> 찬양하며 그분 앞뜰로 들어가라.
> 그분을 찬송하며 그 이름 찬미하여라.
>
> 시편 100.4

전 세계의 많은 유명 성당들은 관광객으로 가득 차 있습니다. 그러나 그곳에서 예배를 드리는 사람은 매우 적지요. 여론 조사에 따르면, 하느님을 예배하지 않는 이유는 사람들이 하느님의 존재를 의심해서가 아니라 그분의 존재를 잊어버렸기 때문이라고 합니다.

사람들은 세상에서 가장 좋은 영감을 불러일으키는 복음을 잊어버렸습니다. 그리고 가장 폭력적인 세기를 거치면서 우리에게 평화와 번영을 누리게 해 주신 주님을 잊어버렸습니다.

전능하신 하느님, 저희가 하느님께서 끊임없이 베푸시는 풍요로운 강복을 잊지 않으며 늘 감사드리게 하소서.

10월 11일

당신의 크신 자비로 저의 죄악을 없애 주소서.
제 허물을 말끔히 씻어 주시고,
제 잘못을 깨끗이 지워 주소서.

시편 51,3-4

우리가 하느님의 호의와 자비를 믿을 때에도, 우리의 죄의식을 버리기란 쉽지 않습니다. 그래서 시편 작가는 자신의 죄악을 깨끗이 씻어 달라고 하느님께 간청합니다.

하느님은 예수님이 십자가에서 흘리신 피로 죄 사함의 수단을 마련하셨습니다. 그리고 우리는 고해성사를 통하여 하느님의 용서를 받고, 스스로를 용서하는 은총을 받게 되었습니다.

하느님, 온갖 죄악의 더러움에서 저를 말끔히 씻어 주소서.

10월 12일

제 악한 길에서 성공하는 자에게,
음모를 꾀하는 사람에게 격분하지 마라.
성내지 말고 화를 가라앉혀라.
격분하지 마라. 해악이 될 뿐이다.

시편 37,7-8

분노는 불의에 대한 적절한 반응입니다. 그러나 마르코 복음서는 예수님이 노기를 띠셨다고 전하지만(마르 3,5 참조), 그분이 그 분노를 즉시 행동으로 옮겼다고는 전하지 않습니다.

우리가 분노를 다스리지 못한다면, 그 분노는 누구보다도 먼저 우리 자신을 파괴하며, 다른 사람들에게 화해의 문을 닫아 버릴 것입니다.

주님, 제 의로운 분노가 주님의 사랑과 자비로 흐르게 하소서.

10월 13일

누구보다 수려하신 당신,
은총이 넘치는 당신의 입술,
하느님이 영원히 강복하셨나이다.

시편 45,3

많은 사람들이 예수님께 매력을 느꼈으며, 예수님의 공생활 내내 그분을 존경했습니다. 그분의 입에서 나오는 은혜로운 말씀 때문이었지요.

예수님은 아무도 단죄하지 않으시고, 모든 사람을 용서하셨습니다. 그리고 회개하라고 힘을 북돋아 주셨습니다. "나도 너를 단죄하지 않는다. 가거라. 그리고 이제부터 다시는 죄짓지 마라."(요한 8,11)

주님, 제가 주님의 자비로운 용서를 받았사오니, 이제부터는 주님의 자비를 다른 사람들에게 전하게 하소서.

10월 14일

> 의인은 야자나무처럼 우거지고,
> 레바논의 향백나무처럼 자라나리라.
> 주님의 집에 심겨,
> 우리 하느님의 앞뜰에서 우거지리라.
>
> 시편 92,13-14

우리는 우리가 나무처럼 무성하게 자라기를 바랍니다. 그러면 어떻게 해야 그렇게 자랄 수 있겠습니까? 하느님의 집인 교회 안에 심겨야 합니다. 우리는 교회를 통하여 우리에게 필요한 것을 얻지요. 그리고 공동체 안에서 하느님과 친교를 맺고, 예수님의 은총을 받습니다.

교회가 하느님께 받은 이러한 임무를 수행하고 있기에, 우리는 그저 취미처럼 신앙생활을 해서는 안 됩니다. 즉 교회 안에 깊이 뿌리내리고 살아가야 합니다.

하느님, 제가 교회를 하느님의 집으로 알고 교회 안에 깊이 뿌리내리게 하소서.

10월 15일   예수의 성녀 데레사 동정 학자 기념일

> 주님께 아뢰나이다. "당신은 저의 주님,
> 저의 행복 당신밖에 없나이다."
>
> 시편 16,2

세상은 좋은 것으로 가득하고, 우리도 좋은 것을 차지합니다. 그러다 보니 소비문화에 젖어 좋은 물건만을 찾으며, 선의 근원이신 좋으신 하느님을 종종 잊어버리기도 하지요.

그러나 우리가 끊임없이 신상품을 사들여도, 그 물건들이 결코 우리를 만족시켜 줄 수 없습니다. 그렇기에 우리는 예수의 데레사 성녀가 내린 '하느님만으로도 족하다'는 결론에 이르게 됩니다. 그분만이 궁극적인 선이시기 때문입니다.

주님, 오직 주님만이 저를 만족시켜 주시오니, 하찮은 물건들에 마음이 흩어지지 않게 하소서.

10월 16일

주님, 제 기도에 귀를 기울이시고,
애원하는 제 소리를 들어 주소서.
당신이 제게 응답해 주시리니,
곤경의 날 당신께 부르짖나이다.

시편 86,6-7

우리의 삶은 하느님의 은총입니다. 우리가 소중히 여기는 모든 것도 하느님의 은총입니다. 모두 다 하느님께 받은 것이지요.

아마도 예수님은 길에서 만나신 모든 걸인에게 어떻게든 응답하셨을 것입니다. 걸인들은 자신이 하느님과 다른 사람들에게 의지할 수밖에 없다는 것을 알고 있었겠지요. 우리가 하느님께 의지할 수밖에 없음을 알 때, 우리는 진정으로 자유로워질 것입니다.

전능하신 하느님, 제가 지극히 자비로우신 하느님께 의지하고 있다는 것을 깨닫고 기뻐하게 하소서.

10월 17일   안티오키아의 성 이냐시오 주교 순교자 기념일

> 당신 때문에 제가 모욕을 당하고,
> 제 얼굴이 수치로 뒤덮였나이다.
>
> 시편 69,8

우리가 나쁜 일을 하다가 좋은 사람들에게 꾸지람을 듣고 죄의식을 느껴 회개한다면, 그것은 좋은 일입니다.
또한 우리가 옳은 일을 하다가 나쁜 사람들과 부딪친다면, 우리는 고난받는 주님의 종이신 예수 그리스도의 운명에 동참하는 것입니다.

전능하신 하느님, 제가 그리스도인으로서 살다가 반대받는 표적이 되더라도, 그 고난 속에서 하느님의 은총을 찾게 하소서.

성 루카 복음사가 축일 — 10월 18일

> 당신의 위업과 그 나라의 존귀한 영광,
> 사람들에게 알리나이다.
>
> 시편 145,12

바오로 사도는 유다인들과 이민족들에게 담대하게 기쁜 소식을 전하고, 마침내 고대 문명의 중심지인 로마에서 예수님과 하느님의 나라를 선포했습니다.

사도들과 복음사가들은 하느님이 그들 가운데서 성취하신 일을 선포했습니다. 이처럼 우리도 하느님이 우리들 가운데서 성취하시는 일을 다른 이들에게 널리 전하도록 부르심을 받고 있음을 깨달아야 합니다.

주 예수님, 저를 주님의 제자로 받아 주심에 감사드리나이다. 제가 만나는 모든 사람에게 주님의 증인이 되도록 저를 도와주소서.

10월 19일

> 사람들이 우리에게 맞서 일어났을 때
> 주님이 우리와 함께하지 않으셨던들,
> 우리를 산 채로 삼켜 버렸으리라.
>
> 시편 124,2.3

  이스라엘은 짓밟히고 패배했음에도 하느님이 여전히 돕고 계심을 깨달았습니다. 주님은 우리가 고통을 겪지 않도록 막아 주시는 것이 아니라, 오히려 고난 속에서 우리를 더욱 당당하게 일으켜 세우시기 위해 우리를 도와주시지요.

  하느님이 우리와 함께 계시는데, 누가 우리에게 맞설 수 있겠습니까? 우리와 맞서려는 많은 사람들이 있겠지만, 그들이 예수님을 죽이는 데 성공한 것 외에는, 더 이상 아무것도 성공하지 못할 것입니다.

주 예수님, 제가 주님의 제자로 살다가 고난을 받더라도, 주님의 사랑으로 승리할 수 있다는 것을 믿고 깨닫게 하소서.

10월 20일

이제 다 늙어 버린 이 몸을 버리지 마소서.
제 기운 다한 지금 저를 떠나지 마소서.

시편 71.9

우리는 쓸모 없어진 물건을 내다 버립니다. 그러나 우리는 하느님께 버림받는 존재가 아닙니다. 하느님은 우리 한 사람 한 사람을 불멸의 영혼으로 창조하셨지요.

나이가 들어 몸에 기력이 떨어져도, 생각이 더 깊어지고 너그러워질 수 있습니다. 나중에 몸을 움직일 수 없게 되더라도, 우리는 끊임없이 기도하며 하느님께 자신을 봉헌할 수 있습니다.

하느님 아버지, 아버지의 뜻과 은총 안에서 기쁘게 늙어 가도록 저를 가르치소서.

10월 21일

> 당신 말씀은 제 발에 등불,
> 저의 길을 밝히는 빛이옵니다.
>
> 시편 119,105

전원이 갑자기 나가면, 손전등을 이용해 길을 밝힐 수 있습니다. 이와 같이 죄악이 우리를 괴롭히는 세상의 어둠 속에서, 하느님의 말씀은 손전등처럼 확실하게 길을 비추어 줄 것입니다.

하느님의 말씀은 세상의 빛이신 예수님을 통해 사람이 되셨습니다. 그 빛 속에서 우리 자신도 다른 사람들을 위한 빛이 되어야 합니다.

주 하느님, 제가 주님의 말씀을 더욱 충실히 따르게 하시어, 세상에 빛을 밝히도록 저를 이끌어 주소서.

10월 22일

> 내 백성에게 나는 기름진 참밀을 먹이고,
> 바위틈의 석청으로 배부르게 하리라.
>
> 시편 81,17

하느님은 광야에서 이스라엘을 먹여 살리셨고, 지금은 그리스도 안에서 당신의 새로운 백성이 된 우리를 먹여 살리십니다. 그리고 우리는 지금 세상의 광야를 지나 하느님의 나라를 향해 나아가고 있지요.

십자가 위에서 바치신 그리스도의 희생 제사를 통하여 우리는 바로 성체 안에 계신 예수님을, 곧 참밀을 먹게 되었습니다. 하느님은 또한 우리를 석청(꿀)으로 배불리십니다. 성찬례를 통해 우리 삶의 고난 속에서도 그분의 달디단 사랑을 얻도록 도와주시기 때문입니다.

주 예수님, 제가 주님의 나라에 이를 때까지 주님의 천상 양식으로 저를 배불리시고 저의 힘을 북돋아 주소서.

10월 23일

> 저희를 적에게서 구원하소서.
> 사람의 구원은 헛되옵니다.
> 하느님과 함께 우리가 큰일을 이루리라.
> 그분이 우리 원수를 짓밟으시리라.
>
> 시편 60,13-14

이 시편은 전쟁을 겪는 사람들이 바치는 기도입니다. 가장 중요한 동맹군이자 우리에게 유일하게 필요한 동맹은 바로 하느님이시지요.

그러나 하느님은 우리가 당신의 편에서 행동할 때에만 우리의 동맹군이 되어 주십니다. 즉 우리의 대의가 이기적인 것이 아니라 의로운 것이어야 한다는 말입니다. 그렇지 않다면 모든 방책은 실패하고 말 것입니다.

주 하느님, 우리의 싸움과 행동이 주님께서 보시기에 의로운 것이 되게 하소서.

10월 24일

> 저는 당신 자애에 의지하며,
> 제 마음 당신 구원으로 기뻐 뛰리이다.
> 은혜를 베푸신 주님께 노래하리이다.
>
> 시편 13,6

　정서적으로 불안한 사람들은 이유 없이 울고 웃습니다. 그러나 사람들 대부분은 자신을 기쁘게 하거나 슬프게 하는 사람이나 사건이 있어야 웃거나 울지요.

　하느님은 우리를 구원하실 의무가 없으시지만, 우리를 구원하셨습니다. 하느님은 우리 죄를 의롭게 갚아 주신, 참으로 좋으신 분이지요. 이러한 하느님의 자애에 우리는 기뻐 뛰며 노래합니다.

사랑하는 하느님 아버지, 저희에게 보여 주신 자애와 호의로 저희가 언제까지나 아버지를 찬양하게 하소서.

10월 25일

> 주님, 일어나소서. 하느님, 손을 쳐드소서.
> 가련한 이들을 잊지 마소서.
> 악인이 어찌 하느님을 업신여기며,
> 당신은 벌하지 않는다고 할 수 있나이까?
>
> 시편 10,12-13

다른 사람들을 괴롭히며 하느님의 법을 극도로 무시하는 악인들은 당신 자신을 사랑으로 보여 주신 하느님을 배척합니다. 그들은 하느님이 자기들을 벌하는 것이 부당하고 또 벌할 힘도 없다며 하느님을 업신여기지요.

또한 그들은 하느님이 자신들을 벌하지 않는다고 오해합니다. 사실 인간의 불의와 나약함을 참아 주시는 하느님이 악인들에게 회개할 기회를 주시기 위해 인내하시는 것인데 말이지요.

하느님, 악인들이 하느님께서 주시는 기회를 깨닫고 참회하고 회개하여 거룩하게 살아가도록 이끌어 주소서.

10월 26일

> 주님, 제게 당신의 길을 가르치소서.
> 제가 당신의 진리 안에서 걸으오리다.
>
> 시편 86,11

어떤 사람들은 "내 뜻대로 그 일을 해냈다."라고 외치며 자랑합니다. 그들은 다른 사람들의 조언을 무시하고, 자기 방식대로 밀고 나간 것이지요. 그런데 만약 그것이 하느님에 관한 일이라면, 우리는 그러한 방식을 다시 생각해 보아야 합니다.

'길'이신 예수님은 언제나 겸손하게 오직 하느님이 원하시는 것만을 하느님의 방식대로 하셨습니다. 우리도 기도와 성사를 통하여 예수님이 하셨던 대로 할 수 있습니다.

주님, "헛된 것을 보지 않게 제 눈을 돌려 주시고, 당신 길을 걷게 하시어 저를 살려 주소서."(시편 119,37)

10월 27일

> 저를 의롭다 하시는 하느님,
> 제가 부르짖을 때 응답하소서.
>
> 시편 4.2

인간의 존엄은 인권의 바탕이며, 우리를 당신의 모상으로 만드신 하느님의 유일무이한 창조가 그 토대입니다. 하느님이 우리의 권리를 세우셨지요.

하느님은 인권을 침해하는 사람들에 맞서 그 권리를 들어 높이십니다. 그분은 인권을 수호하고 증진하시려고 많은 예언자들과 지도자들을 일으켜 세우셨습니다.

전능하신 하느님, 제가 존엄을 지닌 모든 사람을 존중하도록, 특히 악하고 폭력적인 이들까지도 존중하게 하소서.

> 창공은 그분의 솜씨를 알리네.
> 낮은 낮에게 말을 건네고,
> 밤은 밤에게 앎을 전하네.
>
> 시편 19,2-3

우리는 자연계를 통해 하느님의 실존과 권능을 볼 수 있습니다. 그런데 자꾸 이를 놓치지요. 그리하여 하느님은 그분의 예언자들을 통하여 말씀하시고, 예수님 안에서 당신이 직접 말씀하시면서 당신을 보여 주셨습니다.

예수님은 소수의 사람들에게만 당신을 보여 주기를 원하지 않으셨습니다. 그리하여 예수님의 제자들이 그분의 말씀을 전파했지요. 오늘날 우리가 예수님의 첫 제자들에 관하여 자세히 모르는 것은, 그들이 자기 자신이 아니라 예수님만을 선포했기 때문입니다.

주님, 저희가 결코 저희 자신에 대하여 자랑하지 않고, 오직 주님에 관해서만 이야기하도록 저희를 가르치소서.

10월 29일

> 악을 저지르는 자에게 격분하지 말고,
> 불의를 일삼는 자에게 흥분하지 마라.
> 그들은 풀처럼 이내 마르고,
> 푸성귀처럼 시들어 버린다.
>
> 시편 37,1-2

우리는 저마다 옳은 일을 하기 위해 노력할 것입니다. 그러다가 불의한 사람들이 번창하는 것을 보면, 울화가 치솟고 그들의 성공에 분노가 불타오르게 되지요.

하느님은 악한 사람들의 성공을 향한 우리의 분노에 물을 끼얹으며 가라앉히십니다. 그리하여 악인들은 물기가 없이 메말라 버리게 하고, 우리는 하느님의 평화로운 영으로 시원한 물을 마시게 하십니다.

영원하신 하느님, 악인들의 심판은 하느님께 맡겨 드리니, 제가 악인들을 보고 분노하기보다, 그들로 인해 희생된 이들을 위해 기도하게 하소서.

10월 30일

> 주님, 당신은 저의 방패, 저의 영광,
> 제 머리를 들어 높이는 분이시옵니다.
>
> 시편 3,4

하느님은 신체적인 해악에서 우리를 완전히 보호해 주지는 않으십니다. 그러나 예수님께 그렇게 하셨듯이, 우리를 영적인 해악에서 지켜 주실 것입니다. 그리고 우리 영성이 손상되지 않도록 이끌어 주실 것입니다.

우리가 예수님처럼 처신한다면, 우리는 예수님이 다시 오실 때에 우리 머리를 높이 들 수 있을 것입니다.

하느님, 하느님께 충실하려는 저를 조롱하는 이들 앞에서 제 머리를 들어 올리소서.

10월 31일

> 나의 반석 주님은 찬미받으소서.
> 그분은 내 손가락에 싸움을,
> 내 손에 전쟁을 가르치셨네.
>
> 시편 144,1

바오로 사도가 우리에게 가르쳐 준 대로, 우리는 원수들과 맞서 싸우는 것이 아니라, 악인들에게 기운을 불어넣는 어둠의 영을 상대로 투쟁합니다(에페 6,12 참조). 그리고 하느님은 영적인 전투를 위하여 당신의 백성과 당신의 군사들을 조련하십니다.

그리하여 우리는 구원의 투구를 쓰고, 성령의 칼을 들고, 믿음의 방패를 들고, 의로움과 사랑으로 우리를 단련시켜야 합니다(에페 6,13-18 참조).

주님, 제 믿음을 북돋아 주시어, 선으로 악을 이길 수 있음을 믿게 하소서.

11월
위령 성월

모든 성인 대축일

**주님, 하늘은 당신 기적을 찬양하고,
거룩한 모임은 당신 진실을 찬송하나이다.**

시편 89,6

주님은 하늘에서 당신의 천사들은 물론, 거룩하게 살다가 부활을 기다리는 성인들에게도 에워싸여 계십니다. 그곳에서 성인들은 우리를 위하여 하느님께 전구하고 있지요.

또한 성인들은 예수님을 증언하는 거대한 무리를 이루고 있습니다. 우리도 은총을 통하여 그 증인의 무리에 들 수 있습니다. 그리하여 성인들의 격려로 우리는 모든 잡념을 물리치고 승리할 수 있습니다.

전능하신 하느님, 성인들의 모범과 기도에 감사드리나이다. 성인들의 도움으로 제가 천국에 맞갖은 사람이 되게 하소서.

> 제 영혼이 하느님을,
> 생명의 하느님을 목말라하나이다.
> 하느님의 얼굴을
> 언제 가서 뵈오리이까?
>
> 시편 42,3

하느님은 생명의 근원이시자 참으로 살아 계신 분입니다. 그렇기에 우리는 지금 살아 있는 것이며 또한 영원히 살게 될 것입니다.

죽은 이들 가운데에는 이미 하느님의 현존 안에서 행복을 만끽하는 이들도 있을 것입니다. 한편으로 그러한 삶을 애타게 바라며 기다리는 이들도 있겠지요. 우리는 기도와 희생으로 그들에게 도움을 줄 수 있습니다.

하느님, 세상을 떠난 모든 이가 하느님의 빛나는 얼굴을 뵙게 하소서.

11월 3일

온 세상아, 주님께 환성 올려라.
기뻐하며 주님을 섬겨라.
환호하며 그분 앞에 나아가라.

시편 100,1-2

예수님은 당신의 기쁨이 당신 제자들에게 있다고 말씀하셨습니다(요한 15,11 참조). 예수님은 하느님의 길 잃은 양을 찾고 기뻐하셨고, 그때 하늘도 예수님과 함께 기뻐했습니다. 그분은 또한 우리도 함께 기뻐하기를 바라십니다.

우리는 하느님께 예배드리고 그분을 섬기며, 이웃에게 봉사하면서 늘 기쁨을 간직해야 합니다. "와서 네 주인과 함께 기쁨을 나누어라."(마태 25,21.23 참조)

주님, 제 마음과 얼굴이 늘 기쁨으로 가득하도록 해 주시어, 다른 사람들이 저를 보고 주님의 기쁨을 알게 하소서.

11월 4일

> 제가 지은 죄악이 머리 위로 넘치고,
> 무거운 짐이 되어 버겁기만 하옵니다.
>
> 시편 38.5

여행을 하다 보면, 짐을 잃어버리거나 영영 못 찾을 때가 있습니다. 하지만 이를 좋은 쪽으로 생각하면, '짐을 버리는 것'이 오히려 이득이 될 수도 있습니다. 짐이 없으니 오히려 가벼운 몸이 되어 더 편하게 여행할 수도 있으니까 말입니다.

우리가 죄악과 죄로 기우는 경향은 우리에게 무거운 짐입니다. 그러나 고해성사를 통해 우리의 죄를 없애고, 열렬한 기도와 성체성사를 통해 죄로 기우는 우리의 경향을 줄일 수 있습니다.

전능하신 하느님, 저에게 은총을 내려 주시어 제 무거운 짐을 가져가시고 저를 가볍게 하소서.

11월 5일

> 주님은 나의 목자, 아쉬울 것 없어라.
> 푸른 풀밭에 나를 쉬게 하시고,
> 잔잔한 물가로 나를 이끌어 주시네.
>
> 시편 23,1-2

우리는 이 세상을 살면서 많은 것이 부족하다고 생각합니다. 시편 작가도 그랬을지도 모릅니다. 그러나 그는 자신에게 필요한 것을 하느님이 보살펴 주시리라고 믿었습니다.

하느님은 착한 목자이신 그리스도를 통해 우리와 계약을 하셨습니다. 요한 묵시록에서는, 다가오는 하느님 나라에서 그리스도가 하느님을 믿는 신자들을 생명수가 흐르는 샘으로 데려다주실 것이라고 이야기하지요(묵시 22장 참조). 그때에 우리는 부족한 것도 아쉬운 것도 없을 것입니다.

주님, 영원한 나라에서 주님과 함께 살기를 열망하게 하소서.

11월 6일

> 당신과 함께라면,
> 세상에서 바랄 것 아무것도 없나이다.
> 제 몸과 마음 스러질지라도,
> 하느님은 제 마음의 반석,
> 영원히 제 몫이옵니다.
>
> 시편 73,25-26

거룩하다는 것은 주님께 자신을 온전히 바치며 오직 주님께만 집중한다는 것을 의미합니다. 교회가 성인으로 인정한 사람들은 모두 이러한 열망을 공통적으로 지니고 있지요.

우리가 그들처럼 거룩해지기 위해서는, 우리의 경쟁심을 자극하는 온갖 욕망이나 목표를 없애고, 하느님을 가장 드높이며 맨 앞에 모셔야 합니다. 그렇게 했을 때 우리는 성덕의 길로 나아갈 수 있습니다.

주님, 주님께서 거룩하신 것처럼 저도 거룩해질 수 있도록 이끌어 주소서.

11월 7일

무서움이 덮치는 날,
저는 당신께 의지하나이다.
하느님 안에서 그분 말씀을 찬양하고,
하느님께 의지하여 두려움이 없으니,
인간이 나에게 무엇을 할 수 있으랴?

시편 56,4-5

어떤 사람들은 우리에게 상처를 입히고, 우리의 재산을 훔쳐 가고, 우리의 명성을 손상시킵니다. 또 우리의 생계를 가로막고, 우리의 건강과 생명을 빼앗을 수도 있지요. 하지만 그들이 온갖 방법으로 우리를 해치더라도, 우리에게서 선함과 영원한 삶을 빼앗을 수는 없습니다.

하느님은 우리의 원수들보다 훨씬 더 강력하십니다. 우리가 공격받을 때에도 우리를 온전하게 지켜 주시는 그분을 신뢰한다면, 우리는 예수님처럼 승리하게 될 것입니다.

전능하신 주 하느님, 제가 주님께 부르짖을 때 저에게 힘과 용기를 주시고, 오직 주님만 의지하게 하소서.

11월 8일

네 손으로 벌어 네가 먹으리니,
너는 행복하여라. 너는 복을 받으리라.

시편 128,2

바오로 사도는 우리는 심고 하느님은 자라게 하신다고 했습니다(1코린 3,6 참조). 우리가 우리 몫으로 주어진 일을 하면, 하느님도 당신 몫의 일을 하시겠다고 우리에게 약속하십니다.

성공은 저절로 이루어지는 것이 아닙니다. 성공하기 위해서는 주님의 강복을 청하며 기도하고 일해야 하지요. 하느님이 우리에게 복을 내려 주시지 않는다면, 우리는 진정으로 성공할 수 없을 것입니다.

주님, 저희의 노력이 성공할 수 있도록 은총 내려 주시고 저희를 언제나 돌보아 주소서.

11월 9일   라테라노 대성전 봉헌 축일

> 강물이 줄기줄기 하느님의 도성을,
> 지극히 높으신 분의 거룩한 거처를 즐겁게 하네.
>
> 시편 46,5

새로운 예루살렘에는 성전이 없을 것입니다. 그곳에서는 하느님과 어린양의 어좌에서 생명수의 강이 흘러나올 것입니다(묵시 22,1-2 참조).

오늘날 하느님의 도성인 교회에서는 세례성사와 다른 모든 성사를 받을 때, 곧 성령을 받을 때, 예수님에게서 나오는 생명수가 흐릅니다. 따라서 우리는 생명수가 흐르는 교회에 모여 성사를 거행하고 성령을 받습니다.

전능하신 하느님, 저희를 성령으로 가득 채워 주시어 저희에게 사랑이 흘러넘치게 하소서.

성 대 레오 교황 학자 축일 — 11월 10일

> 바탕까지 허물어지는데
> 의인인들 무엇을 할 수 있으랴?
>
> 시편 11,3

토대는 건물은 물론, 공동체와 개인에게도 매우 중요합니다. 예수님은 모든 그리스도인의 토대이시며, 그분은 이러한 토대를 베드로 사도와 그 후계자들에게 나누고 계십니다.

예수님과 교황직의 관계를 인정하지 않는 이들도 있지만, 그 관계는 결코 사라지지 않을 것입니다. 이러한 관계에 힘입어, 우리는 그 토대를 지지하며 다른 그리스도인들과 친교를 이루도록 노력해야 합니다.

주 예수님, 제가 저의 토대이신 주님께 의지하며 다른 이들과 친교를 이루게 하소서.

11월 11일

> 주님은 사람의 발걸음 지켜 주시며,
> 그 길을 마음에 들어 하시리라.
> 주님이 그 손을 잡아 주시니,
> 비틀거려도 쓰러지지 않으리라.
>
> 시편 37,23-24

예수님은 십자가의 무게에 짓눌려 넘어지셨습니다. 우리가 성덕을 추구하며 하느님의 뜻을 이루려고 노력할 때, 우리도 넘어져 쓰러질 수 있습니다.

그러나 하느님은 부모가 자녀를 돌보는 손길로 우리를 붙들어 주십니다. 따라서 우리는 넘어지더라도 다시 일어설 수 있습니다. 그러니 쓰러진 상태에 계속 머물러서는 안 되겠지요. 예수님이 일어나셨듯이, 우리도 반드시 일어나야 합니다.

하느님, 하느님의 교회 안에 풍성하게 넘치는 은총으로 저를 단단히 붙들어 주소서.

11월 12일

> 너는 낯선 신을 경배해서는 안 된다.
> 내가 주님, 너의 하느님이다.
> 너를 이집트 땅에서 끌어 올렸다.
> 입을 크게 벌려라, 채워 주리라.
>
> 시편 81,10-11

어미 새는 먹이를 받아먹으려고 부리를 크게 벌린 아기 새에게 먹을 것을 줍니다. 이처럼 하느님은 이스라엘 백성을 이집트 종살이에서 해방시키셨고, 당신이 주시는 음식으로 그들을 채워 주겠다고 이르셨지요.

하느님은 우리를 당신의 자녀로 삼으시고, 우리를 교회의 품에 맡기셨습니다. 그리고 그분은 교회에서 당신의 말씀과 성사로, 특별히 성체성사로 우리를 채워 주고 계십니다.

하느님 아버지, 저희가 이 세상의 양식보다 아버지께서 교회를 통하여 주시는 양식을 더 바라게 하소서.

11월 13일

> 주님은 가축을 위하여 풀이 나게 하시고,
> 사람을 위하여 나물 돋게 하시어,
> 땅에서 양식을 거두게 하시나이다.
> 인간의 마음 흥겹게 하는 술을 주시고,
> 얼굴에 윤기 돌게 하는 기름 주시며,
> 인간의 마음에 생기 돋우는 빵을 주시나이다.
>
> 시편 104,14-15

예수님은 하느님이 하늘의 새들을 먹여 주시고, 들에 핀 나리꽃들을 차려입히신다고 말씀하셨습니다(마태 6,26-29 참조). 그렇다면 하느님이 우리를 위하여 섭리하신다는 것은 두말할 나위도 없겠지요.

우리는 이러한 하느님의 섭리를 깨닫고 그분이 먹여 살리시는 식물과 동물을 아끼고 보호해야 합니다. 또한 하느님이 빵과 술과 기름과 같이 우리에게 자양분을 주고 우리를 즐겁게 하는 모든 것의 근원이심을 항상 기억해야 합니다.

창조주 하느님, 저희에게 주신 풍요로운 선물에 감사드리며, 하느님을 찬양하나이다.

11월 14일

> 하늘에 좌정하신 분이시여,
> 저는 당신을 우러러보나이다.
>
> 시편 123,1

인간은 몸의 구조상 다른 동물보다 더 쉽게 위를 쳐다볼 수 있습니다. 이것은 하느님의 계획에서 보면 별 의미가 없는 차이일지도 모릅니다. 그러나 인간이 달을 계속 쳐다보지 않았다면, 결코 달에 갈 수 없었겠지요.

우리는 달과 별들을 초월하여 계시는 하느님을 우러러봅니다. 그분이 계신 그곳에 우리의 진정한 본향이 있기 때문입니다.

전능하신 주 하느님, 주님을 우러러보며 찬양하는 제 마음과 눈을 들어 높이소서.

11월 15일

> 저를 미워하는 자가 저에게 우쭐댔다면,
> 제가 숨었으리이다.
> 그런데 너였구나, 내 동배,
> 내 벗이며 내 동무인 너.
>
> 시편 55,13-14

우리가 친구들과 매우 가깝고 친밀하게 지내는 만큼, 그들에게서 상처를 받기도 합니다. 게다가 그들이 우리에게 등을 돌리면, 다른 사람에게 받은 상처보다 훨씬 더 깊은 상처를 받지요. 예수님도 그러한 상처를 받으셨습니다.

예수님은 그러한 일이 일어나리라는 것을 줄곧 알고 계셨으면서도, 언제나 당신의 친구들을 사랑하셨습니다. 소중한 친구를 사랑하는 일은 설령 그로 인해 고통을 받더라도 그렇게 할 만한 가치가 있습니다.

주 예수님, 저의 참벗이신 주님과 함께하며, 설령 다른 사람들에게 상처를 받더라도 그들에게 기꺼이 다가갈 수 있게 하소서.

11월 16일

> 눈이란 눈이 모두 당신을 바라보고,
> 당신은 제때에 먹을 것을 주시나이다.
> 당신은 손을 펼치시어,
> 살아 있는 모든 것을 은혜로 채워 주시나이다.
>
> 시편 145,15-16

 오직 하느님만이 모든 피조물의 욕구를 만족시킬 수 있습니다. 오늘날 농사 기술이나 농업 지식이 발달하여 더욱 풍성한 수확을 거둘 수 있게 되었지만, 그렇다고 해서 하느님이 하시는 일까지 우리가 어떻게 할 수는 없습니다.
 우리가 수확 때를 기다려야 한다는 것은 인간이 궁극적으로 자연을 통제하지 못한다는 사실을 드러냅니다. 우리가 수확을 어떻게 거둘지는 인색하지 않고 한없이 너그러우신 하느님의 손에 달려 있습니다.

주 하느님, 주님께서 모든 피조물에게 필요한 것을 마련해 주시듯이, 저도 다른 사람들이 필요로 하는 일을 돕게 하소서.

11월 17일

> 곤경의 날에 내가 주님을 찾네.
> 밤새 펴 든 손 지칠 줄 모르고
> 내 영혼 위로도 마다하네.
> 당신이 눈도 못 붙이게 하시니
> 저는 불안하여 입도 열지 못하나이다.
>
> 시편 77,3.5

우리는 걱정으로 며칠 밤을 지새우며 잠들지 못할 때가 있습니다. 그러나 하느님은 결코 주무시지 않습니다. 시편 작가는 다른 구절에서, 주님은 졸지도 않으시고 잠들지도 않으신다고 말하지요(시편 121,4 참조).

잠들지 못하는 밤은, 잠자리에서 뒤척이거나 텔레비전을 보는 것보다, 깊고 오랜 기도 속에서 하느님과 만나는 좋은 시간이 될 수도 있습니다.

주 하느님, 제 기도를 들으시어 제 근심 걱정을 주님께 맡기고, 주님 안에서 편안히 쉬게 하소서.

11월 18일

> 만군의 주님,
> 당신 계신 곳 사랑하나이다!
> 주님의 뜨락을 그리워하며,
> 이 영혼 여위어 가나이다.
>
> 시편 84,2-3

성당은 성체성사 안에 예수님을 모시기 때문에, 더욱 아름답게 꾸며집니다. 그리고 그리스도인들과 교회는 성령으로 가득 차 있기 때문에, 더욱 아름답지요.

친교를 향한 우리의 열망은 성령의 현존을 드러내는 확실한 표지입니다. 이에 대해 바오로 사도는 여러 서간을 통해 분명하게 밝힙니다(로마 1,11; 필리 1,8; 1테살 3,6 참조).

주님, 성령으로 저를 가득 채워 주시고, 주님의 집에 머물며 친교를 이루고자 하는 제 열망을 키워 주소서.

11월 19일

> 나 주님께 피신하는데,
> 너희는 어찌 내게 이리 말하느냐?
> "새처럼 산으로 도망쳐라."
>
> 시편 11,1

예수님은 당신을 배반한 사람을 만나시려고 기꺼이 겟세마니 동산으로 가셨습니다. 예수님은 도망치지 않으셨지요. 그분은 하느님의 뜻을 받아들이셨고, 하느님이 당신을 구해 주시리라고 믿으셨기 때문입니다.

우리는 종종 하느님이 원하시는 대로 했다가는 고통을 받게 되리라는 것을 깨닫고 도망치고 싶은 유혹을 받습니다. 그럴 때에 우리는 예수님의 용기를 떠올리고 예수님에 대한 하느님의 진실하심을 기억해야 합니다.

하느님 아버지, 하느님의 아드님이신 예수님에 대한 아버지의 진실하심을 기억하고, 제가 아버지의 뜻을 이루려는 충만한 용기를 지니도록 저를 도와주소서.

11월 20일

> 저의 힘이신 주님, 당신을 사랑하나이다.
> 주님은 저의 반석, 저의 산성,
> 저의 구원자시옵니다.
>
> 시편 18,2-3

 시편 작가의 이 고백은 하느님을 믿는 사람이 하는 신앙 고백입니다. 그는 하느님을 직접 뵙지는 못했지만, 그분에게서 매우 특별한 자유와 보호를 체험했기 때문에 그분을 사랑한다고 고백하는 것이지요.

 우리도 하느님께 그렇게 많은 은총을 받았기 때문에, 우리 안에 있는 모든 것을 다 바쳐 하느님을 사랑해야 합니다!

저의 하느님, 제 마음을 다하고 목숨을 다하고 힘을 다하여 주 하느님을 사랑하게 하소서.

| 11월 21일 | 복되신 동정 마리아의 자헌 기념일 |

> 행복하옵니다, 당신 집에 사는 이들!
> 그들은 영원토록 당신을 찬양하리이다.
> 행복하옵니다, 당신께 힘을 얻는 사람들!
>
> 시편 84,5-6

 우리는 우리 집이나 친구네 집에 모여 시간을 보내며 우정을 키워 갑니다. 그렇게 우정이 커지면 서로를 정신적으로 지지해 주게 되지요. 이와 비슷한 이유로, 하느님은 이스라엘 백성에게 정기적으로 하느님의 집에, 곧 성전에 올라오라고 지시하셨습니다.

 그리스도인들은 예수님이 성체 안에, 말씀 안에, 전례 안에, 당신이 뽑으신 성직자들 안에 현존하시는 곳인 하느님의 집에 머무릅니다. 그렇게 함으로써 하느님과 더욱 친밀해지고 기쁨과 힘을 얻습니다.

주 하느님, 저희가 주님의 거룩한 백성의 모임에서, 교회에서 주님과 함께 머물게 하소서.

11월 22일

주님은 나를 위하여 모든 것을 이루시리라!
주님, 당신 자애는 영원하시옵니다.
당신 손수 빚으신 것들 저버리지 마소서.

시편 138,8

아담과 마찬가지로 우리는 모두 하느님이 손수 만드신 작품입니다. 하느님은 우리의 삶에서 일어나는 사건과 경험으로 우리를 빚어 만드시지요. 따라서 우리 한 사람 한 사람은 하느님의 계획 안에서 유일무이한 임무를 지니고 있습니다.

우리 각자에 대한 하느님의 계획은 모두 다릅니다. 따라서 우리도 바오로 사도처럼 하느님이 우리 안에서 시작하신 좋은 일을 그분이 완성하시리라고 확신해야 합니다(에페 3,20 참조).

주님, 제가 주님을 신뢰하며, 사랑하는 주님의 손길에 순응하는 부드러운 진흙이 되게 하소서.

11월 23일

> 내게 베푸신 모든 은혜,
> 무엇으로 주님께 갚으리오?
> 구원의 잔 받들고,
> 주님의 이름 부르리라.
>
> 시편 116,12-13

주님은 우리에게 보답을 바라시지 않습니다. 주님이 우리를 위하여 하시는 좋은 일은 그분의 사랑에서 나오는 자유로 이루어지기 때문이지요.

그럼에도 우리가 이런 하느님의 사랑에 응답했을 때, 하느님은 매우 기뻐하며 행복해하실 것입니다. 우리는 성찬례의 거행에서 당신을 하느님 아버지께 봉헌하시는 예수님과 결합하여, 우리의 사랑과 감사를 표현할 수 있습니다.

모든 이를 사랑하시는 하느님, 저에게 은총을 베푸시어, 제가 온 마음으로 하느님을 사랑하게 하소서.

11월 24일

주님께 감사하여라, 그 자애를,
사람들에게 베푸신 그 기적을.
그분은 목마른 이에게 물을 주시고,
굶주린 이를 좋은 것으로 배불리셨네.

시편 107,8-9

온 땅이 수확을 내지 않는다면, 인류는 모두 목마르고 굶주릴 것입니다. 인간이 수확을 거둘 수 있는 것은, 인간의 노동을 넘어서는 하느님의 은총이 있기에 가능한 일이지요.

우리는 특별히 주님의 너그러우신 은총이 분명하게 드러나는 수확 때 더욱더 마음을 다해 주님께 감사드려야 합니다.

전능하신 하느님, 저희가 풍성한 수확을 거둘 수 있게 해 주심에 감사드리며, 언제 어느 때나 하느님을 찬양하게 하소서.

11월 25일

하느님을 경외하는 이들아,
모두 와서 들어라.
그분이 나에게 하신 일을 들려주리라.

시편 66.16

하느님에 관하여 가르친다는 것은 하느님에 대한 개념을 전하는 것입니다. 그것은 추상적인 일이지요. 하느님을 선포한다는 것은 하느님에 대해 증언하는 것입니다. 이것은 신앙의 문제이지요.

우리는 우리의 삶에서 하느님이 하신 일을 다른 사람들에게 들려줌으로써 다른 사람들도 하느님이 자신들을 위하여 하신 일을 떠올리게 하여, 그것을 증언하도록 이끌어야 합니다.

주님, 저를 도우시어, 주님께서 제 삶에서 이루신 일을 깨닫고, 그 놀라운 일을 다른 사람들과 함께 전하게 하소서.

11월 26일

> 주님은 영원히 좌정하여 계시고,
> 심판하시려 어좌를 든든히 하셨네.
>
> 시편 9,8

어좌는 권력을 드러냅니다. 지상의 군주들은 자기네 이익을 위하여 그 권력을 행사하지요. 그러나 하느님은 당신의 어좌를 세우시고, 온 인류의 이익을 위하여 그 어좌에 좌정하십니다.

하느님의 아드님이신 예수님은 당신의 영광스러운 어좌에 앉으시어 정의를 베푸시고, 사랑의 법에 따라 의로운 사람들과 불의한 사람들을 가르실 것입니다.

주님, 미래의 심판을 내다보며, 제가 의로워지고 공정해지며, 모든 일에서 다른 사람을 사랑하도록 저를 도와주소서.

11월 27일

> 심판은 해 뜨는 데서도 해 지는 데서도,
> 산에서도 광야에서도 오는 게 아니다.
> 오직 하느님만이 심판하시니,
> 어떤 이는 낮추시고 어떤 이는 높이신다.
>
> 시편 75,7-8

우리는 때때로 공정하지 못한 일에 불평하기도 합니다. 그리고 그러한 불평이 정당할 때도 있지요. 그러나 무엇이 공정한 것입니까? 누가 우리에게 공정을 보장해 줍니까? 다른 사람이나 사회 제도가 보장해 줍니까?

오직 하느님만이 우리를 위하여 공정함을 보장해 주실 수 있고, 또한 그렇게 해 주실 것입니다. 하느님 홀로 올바르게 심판하시기 때문이지요. 하느님이 심판하실 때에는, 꼴찌가 첫째가 되고, 첫째가 꼴찌가 될 것입니다.

전능하신 하느님, 오직 하느님께서 올바르게 심판하시오니, 저 또한 의로운 일을 분별하도록 이끌어 주소서.

11월 28일

주님, 일어나소서. 인간이 우쭐대지 못하게 하소서.
민족들이 당신 앞에서 심판받게 하소서.

시편 9,20

하느님을 망각한 채, 인류는 중대한 불의를 저지르거나 용인해 왔습니다. 20세기에 일어난 대량 학살 사건들이 그 확실한 예시이지요.

그러나 인류가 저지른 그 불의는 지금까지 승리하지 못했고 앞으로도 승리하지 못할 것입니다. 그리고 그럴 때 하느님이 일어나시어, 의로운 사람들을 통하여 죄악의 물결을 저지하실 것입니다. 그리하여 마침내 하느님의 정의가 모든 곳에서 승리할 것입니다.

하느님, 하느님의 정의가 승리하여 모든 사람이 안정과 평화를 누리며 살아가게 하소서.

11월 29일

주님 앞에서 환호하여라.
세상을 다스리러 그분이 오신다.
그분은 누리를 의롭게,
백성들을 올바르게 다스리신다.

시편 98.9

심판이 의로울 때 그 결과도 공정할 것입니다. 오직 하느님만이 완전히 의로우시며, 따라서 오직 하느님만이 완전히 공정하시지요. 하느님은 우리의 겉모습으로 심판하지 않으시고, 마음을 들여다보십니다.

예수님이 마지막 날에 오실 때, 처음에 오셨을 때와 마찬가지로, 공정과 정의를 완전하게 실현하실 것입니다. 그리고 그분의 공정과 정의는 우리에게 커다란 기쁨이 될 것입니다.

주 예수님, 이 세상에 주님의 공정과 정의를 이루시어, 저희가 기쁜 마음으로 주님께 찬양 노래를 부르게 하소서.

성 안드레아 사도 축일 — 11월 30일

> 그 소리 온 누리에 퍼져 나가고,
> 그 말은 땅끝까지 번져 나가네.
>
> 시편 19,5

예수님은 당신이 새로운 시대를 열기 위하여 다시 오시기 전에, 먼저 복음이 모든 민족에게 선포되어야 한다고 하셨습니다(마르 13,10 참조).

하느님은 모든 사람이 구원받기를 간절히 바라십니다. 따라서 우리는 복음의 메시지를 널리 전하는 것은 물론, 그 메시지가 이미 전해졌지만 온전히 받아들이지 않은 곳에도 다시 전해야 합니다.

주 예수님, 안드레아 사도는 주님께서 시키지 않으셨음에도 주님을 믿고 베드로 사도에게 주님에 관한 이야기를 했사오니, 저도 사도를 본받아 복음 선포자가 되도록 이끌어 주소서.

12월 1일

기뻐 소리치며 하느님께 환호하여라.
주님은 지극히 높으신 분, 경외로우신 분,
온 세상의 위대하신 임금이시다.

시편 47.2-3

하느님은 참으로 온 누리의 임금님이십니다. 그러나 모든 사람이 하느님의 주권을 인정하지는 않지요. 하느님의 나라를 세우도록 파견되신 예수님은 지금도 여러 반대 세력들을 물리치고 계십니다.

십자가 위에서 임금으로 선포되신 예수님은 하느님의 오른편에 앉아 계십니다. 그때부터 그분은 자비와 사랑으로 하느님의 주권을 계속 확장시키고 계십니다.

하느님 아버지, 저에게 은총을 베푸시어, 영광스러운 어좌에 앉아 계신 예수님께서 저를 하느님의 나라로 부르시게 하소서.

12월 2일

> 행복하여라, 야곱의 하느님을 구원자로 모시고,
> 주 하느님께 희망을 두는 이!
>
> 시편 146,5

　우리는 다른 사람들을 돕기도 하고, 때때로 그들의 도움을 받기도 합니다. 하지만 다른 사람들이 하는 일이 우리에게 도움이 되지 않을 수도 있습니다.

　주님은 야곱과 그 조상들을 위하여, 또 온 인류를 위하여 오셨기 때문에, 우리는 언제나 주님을 신뢰할 수 있습니다. 따라서 우리가 어떠한 난관에 부딪치든, 우리는 주님께 도움을 청하며 그분께 희망을 두어야 합니다.

주님, 야곱의 하느님, 주님은 제 희망이시오니, 주님을 향한 제 신뢰를 굳건하게 하소서.

12월 3일 — 성 프란치스코 하비에르 사제 기념일

> 당신은 세상의 모든 끝과
> 머나먼 바다의 희망이시옵니다.
>
> 시편 65,6

주님은 처음에는 이스라엘 민족만의 희망이셨지만, 예수님을 통하여 모든 민족의 희망이 되셨습니다. 주님은 당신을 믿는 모든 이에게 희망을 주시어, 모든 사람이 자기 이웃을 사랑하고 더 나은 사회를 이룰 수 있게 하셨지요.

주님께 둔 희망은 선교사들을 통하여 머나먼 나라에까지 전해졌습니다. 우리도 그들처럼 우리 가정에서는 물론, 우리의 친교 모임에서 우리가 가진 이 희망에 대해 전해야 합니다.

주님, 날마다 저와 함께 지내는 사람들에게 저를 선교사로 보내 주소서.

12월 4일

가난한 이는 영원히 잊히지 않고,
가련한 이들의 희망은 영원토록 헛되지 않으리라.

시편 9.19

하느님은 이집트에서 이스라엘 백성이 겪는 고통을 보시고, 마침내 그들을 구출해 내셨습니다. 예수님은 당신을 따르던 군중들이 굶주린 것을 보시고, 기적을 베푸시어 그들을 배불리 먹이셨지요.

인류를 돌보시는 하느님은 가난한 사람들을 도와주십니다. 그리고 그분은 보통 사람들 곧 우리를 가난한 사람들을 돕는 도구로 쓰십니다.

하느님, 희망이 사라져 가는 가난하고 고통받는 사람들을 도와주도록 저를 이끌어 주소서.

12월 5일

보소서,
종들이 제 주인의 손을 눈여겨보듯
몸종이 제 안주인의 손을 눈여겨보듯
저희는 주 하느님을 우러러보며,
당신 자비만을 바라나이다.

시편 123,2

우리는 누군가에게 도움을 요청할 때 그 사람의 눈을 들여다보며 그 사람과 눈을 맞추려고 합니다.

우리는 성체 안에 계신 주님을 흠숭하고 또 온 마음으로 기도하며 주님과 만납니다. 우리가 주님의 눈을 들여다보며 그분과 눈을 맞추려고 노력한다면, 그분은 우리가 당신께 간청할 때 우리를 도와주실 것입니다.

주님, 주님의 도우심을 열렬히 바라며 오직 주님만을 바라보게 하소서.

잘되리라, 후하게 꾸어 주는 이!

시편 112,5

미래를 안전하게 보장하기 위하여 우리는 재산이나 자원을 비축해 둡니다. 그러나 이것은 예수님이 말씀하신 어리석은 부자의 비유에서 보듯이 좋은 일만은 아니지요(루카 12,16-21 참조).

더 나은 미래는 우리의 자원을 가난한 사람들과 함께 나눔으로써 보장됩니다. 이러한 방법으로 우리는 우리 자신을 위한 영원한 보물을 하늘에 쌓아 둘 수 있습니다.

하느님, 저에게 은총을 베푸시어, 제가 가진 것을 다른 이들에게 너그러이 나누게 하소서.

12월 7일

환호하여라, 우리의 힘 하느님께!
환성 올려라, 야곱의 하느님께!
드높이 노래하여라, 손북을 쳐라.
고운 가락 비파와 수금을 타라.

시편 81.2-3

우리는 행복할 때 노래를 부릅니다. 서로 사랑하는 연인은 함께 있을 때 기쁨의 노래를 부르지요. 스포츠 팬들은 자기 팀이 이겼을 때 모든 사람에게 들리도록 큰 소리로 환호합니다.

그리스도인들은 기쁠 때 하느님의 이름을 부르며 노래합니다. 하느님은 우리에게 기쁨을 주는 모든 은총의 근원이시기 때문입니다.

전능하신 주 하느님, 주님은 저의 힘이시오니, 제가 언제나 주님을 생각하며 기쁘게 노래하게 하소서.

> 오히려 당신이 사랑하는 시온 산을,
> 유다 지파를 뽑으셨네.
>
> 시편 78.68

하느님은 가장 작은 민족을, 그리고 별로 중요하지 않은 지파들 가운데서 하나를 뽑으셨습니다. 그분은 당신의 성전을 위하여 낮은 산을, 당신 백성의 임금으로 가장 어린 아들을 뽑으셨지요. 하느님은 그 누구를 뽑든, 당신의 은총으로 그를 위대하게 만들어 주십니다.

이것은 성모님에게서 매우 분명하게 드러났습니다. 하느님은 성모님을 원죄에 물들지 않게 보호하시어, 당신의 무죄한 아드님의 어머니가 되게 하셨지요. 그리고 성모님은 하느님의 선택과 은총을 기꺼이 받아들이셨습니다.

주 하느님, 제가 성모님을 본받아 주님께서 저에게 주시려는 은총을 기꺼이 받아들이게 하소서.

12월 9일

> 당신 권능을 떨치시어,
> 저희를 도우러 오소서.
> 당신 얼굴을 비추소서.
> 저희가 구원되리이다.
>
> 시편 80,3.4

주님께는 모든 것이 가능합니다. 따라서 주님이 우리를 구원하실 수 있는지 없는지는 문제가 되지 않지요.

그보다는 우리가 주님께 겸손되이 부르짖으며 우리를 자애로이 굽어봐 달라고 간청을 드릴지 말지가 문제입니다. 우리가 겸손하고 진실된 마음으로 간청한다면, 하느님은 분명히 기뻐하시고 우리를 위하여 당신의 권능을 떨치며 일어나실 것입니다.

전능하신 하느님, 저에게 겸손함을 주시어, 제가 필요한 것을 알고 인정하며 진정한 기도와 청원을 드리게 하소서.

12월 10일

> 주님, 언제까지 마냥 저를 잊고 계시렵니까?
> 언제까지 제게서 당신 얼굴 감추시렵니까?
>
> 시편 13,2

아이들은 얼굴을 숨겼다가 드러내는 '까꿍 놀이'를 좋아합니다. 아이들은 잠깐 동안 얼굴이 보이지 않더라도, 그 얼굴이 여전히 존재하며 결국에는 나타날 것이라고 생각하며 이를 즐기는 것이지요.

시편 작가는 아이처럼 하느님이 나타나시기를 열망하고 있습니다. 그러면서 그는 하느님께 묻습니다. "언제까지 제게서 당신 얼굴 감추시렵니까?"

주님, 제가 기다려야 하더라도, 주님께서 얼굴을 드러내시어 저를 도우시리라는 믿음을 저에게 주소서.

12월 11일

하느님, 저를 구하소서.
주님, 어서 저를 도우소서.

시편 70,2

하느님의 도우심은 남아도는 것이 아닙니다. '덤'으로 얹어 주는 것도 아니지요. 하느님의 도우심은 인간의 모든 노력을 뒷받침하고 그 노력이 이루어지도록 이끌어 줍니다. 그렇기 때문에 우리가 하느님의 도우심을 인지하지 못하더라도, 그것은 대단히 중요하며 우리에게 꼭 필요합니다.

따라서 우리는 어떤 일을 하든 절박한 마음으로 하느님께 도우심을 간청해야 합니다.

하느님, 하느님의 도우심이 가장 중요하오니, 서둘러 저를 도와주소서. 또한 그 도우심을 제때에 깨닫게 하소서.

> 그분은 힘센 자들을 업신여기시고,
> 길 없는 황무지를 헤매게 하셨네.
> 불쌍한 이를 곤경에서 들어 올리셨네.
>
> 시편 107,40-41

예수님은 이렇게 말씀하셨습니다. "꼴찌가 첫째 되고, 첫째가 꼴찌 될 것이다."(마태 20,16) 따라서 첫째는 교만하지 말아야 하고, 꼴찌는 자기 자신을 멸시하지 말아야 합니다.

성모님은 찬양 노래를 부르며 하느님은 의로우시므로, 교만한 자들을 흩으시고, 비천한 이를 들어 올리신다고 선언하셨습니다. 그리고 성모님은 스스로 이러한 '신적 반전'의 도구가 되시어, 인디언 원주민이나 시골 목동과 같은 보잘것없는 사람들에게 나타나셨습니다.

성모님, 제 비천함을 굽어보시어, 제 슬픔을 거두어 주시도록 하느님께 빌어 주소서.

12월 13일 성녀 루치아 동정 순교자 기념일

보라, 주님의 눈은 당신을 경외하는 이들에게,
당신 자애를 바라는 이들에게 머무르신다.
죽음에서 그들의 목숨 건지려 하심이네.

시편 33,18-19

 루치아 성녀는 다른 사람들이 넋 놓고 쳐다볼 만큼 매우 아름다운 눈을 가졌다고 합니다. 그러나 성녀의 눈은 주님만을 바라보고 있었지요. 성경에 나오는, 하느님께 충실한 사람들처럼, 성녀는 하느님의 눈에서 자애를 찾았습니다.
 우리의 관심과 눈길을 끌고 있는 것은 무엇입니까? 우리는 예수님이 당신 자신과 동일시하시는 가난한 사람들을 바라보아야 합니다.

전능하신 하느님, 저를 도우시어, 제가 소외된 사람들을 바라볼 수 있는 눈을 주소서.

십자가의 성 요한 사제 학자 기념일 — 12월 14일

> 주님 앞에 고요히 머물러라.
> 그분을 간절히 기다려라.
> 제 악한 길에서 성공하는 자에게,
> 음모를 꾀하는 사람에게 격분하지 마라.
>
> 시편 37,7

 악인들의 성공은 우리를 분노하게 합니다. 그들의 성공은 하느님이 그런 일을 보지도 못하시고 관심도 안 가지시는 것처럼 느끼게 하지요. 그러나 그분은 당신이 우리를 돌보시는 만큼 우리가 다른 사람들을 돌보는지 보고자 하십니다. 그런 다음에 행동하시고자 하지요.

 많은 사람들은 악인들이 번창할 때 견디기 어려워합니다. 그러나 바오로 사도의 말에 따라, 사랑은 인내한다는 것을 명심해야 합니다(1코린 13,4 참조).

주님, 주님을 향한 사랑으로 저를 가득 채우시어, 주님을 위하여 어떠한 고통도 달게 받게 하소서.

12월 15일

> 주님께 바라라.
> 힘내어 마음을 굳게 가져라.
> 주님께 바라라.
>
> 시편 27,14

많은 사람들이 자신의 현재 능력과 과거의 성공을 바탕으로 밝은 미래를 내다봅니다. 그러나 자기 능력의 한계를 확인하고 과거의 성공이 연기처럼 사라지는 것을 목격하면, 더 이상 자기 자신에게만 의지할 수 없게 되지요.

삶의 여정에서 우리의 희망을 채워 주시는 분은 주님이십니다. 주님의 은총과 도우심만이 우리의 미래에 대한 희망을 가져올 것입니다.

하느님 아버지, 아버지를 믿는 희망에서 솟아나는 힘과 용기를 저에게 주소서.

12월 16일

우리 하느님은 조용히 아니 오시네.

시편 50,3

모든 일에는 때가 있습니다. 침묵을 지켜야 할 때가 있고, 말을 해야 할 때가 있지요(코헬 3,1.7 참조). 하느님이신 성자가 사람이 되시어 우리에게 말씀하셨습니다. 성자가 다시 오실 때, 복음에 나오는 기준으로 의인들을 모아들이시기 위해 다시 말씀하실 것입니다.

우리 하느님이 오십니다! 우리는 그분의 첫 번째 오심을 경축하며 그분의 말씀을 듣고, 그분의 두 번째 오심을 준비해야 합니다.

사람이 되신 하느님의 말씀이시여, 제가 언제 침묵을 지키고 어느 때 말을 해야 하는지 가르쳐 주소서.

12월 17일

> 저 달이 다할 그때까지,
> 정의와 큰 평화가
> 그의 시대에 꽃피게 하소서.
>
> 시편 72,7

이사야 예언자는 하느님의 종이 모든 민족에게 갈등과 폭력이 아니라 정의를 가져다줄 것이라고 예언했습니다 (이사 9,6; 11,4-5 참조).

그 정의는 예수님의 가르침과 치유로 이루어집니다. 따라서 정의를 가져다 준 하느님의 종이신 예수님을 따르는 사람들의 삶에서는 평화가 넘칠 것입니다.

하느님, 저 달이 다할 그때까지, 새로운 창조의 새벽에, 저를 하느님의 자애로 채우시고, 저를 평화의 도구로 써 주소서.

12월 18일

> 약한 이, 불쌍한 이에게 동정을 베풀고,
> 불쌍한 이들의 목숨을 살려 주나이다.
>
> 시편 72,13

시편 작가는 선택받은 임금님이 하느님의 은총으로 불쌍한 이들에게 동정을 베풀고 가난한 사람들을 구원해 주리라는 희망을 표현했습니다.

예수님이 성모님에게서 태어나시어 하느님의 백성을 영원히 다스리시리라는 것은 인류에 대한 하느님의 연민을 드러내는 것입니다.

하느님 아버지, 저희에게 약속된 임금이신 예수님을 보내 주심에 감사드리나이다. 예수님이 구원의 길에서 저희의 비천함을 돌아보시고 저희에게 연민을 베푸셨음을 잊지 않게 하소서.

12월 19일

저는 주 하느님의 위업에 둘러싸여,
오로지 당신 의로움만을 기리오리다.
하느님, 당신은 저를 어릴 때부터 가르치셨고,
저는 이제껏 당신의 기적을 전하여 왔나이다.

시편 71,16-17

엘리사벳과 즈카르야에게는 오랫동안 아기가 없었습니다. 그 시기 동안에는 하느님이 그들에게 올바른 일을 하고 계시지 않았던 것처럼 보일 수도 있습니다.

그러나 하느님은 요한 세례자의 탄생을 통해 그들의 신앙과 인내를 보상해 주셨고, 그들을 인정해 주셨습니다. 이러한 하느님의 은총을 받았기에, 그들은 요한 세례자가 전적으로 하느님만을 신뢰하도록 가르칠 수 있었습니다.

주님, 제가 좌절감을 느낄 때, 참고 기다리며 주님만을 신뢰하도록 저를 도와주소서.

12월 20일

> 누가 주님의 산에 오를 수 있으랴?
> 누가 그 거룩한 곳에 설 수 있으랴?
> 손이 깨끗하고 마음이 결백한 이라네.
>
> 시편 24,3-4

높은 산을 오르려면 기술과 훈련이 필요하지만, 무엇보다도 정신을 집중해야 합니다. 우리가 하느님께 다가가려면 옳은 일을 하고 바른 지향도 가져야 하지만, 그 무엇보다도 하느님께 마음을 집중해야 하지요.

따라서 우리는 허영을 추구하지 말고 마음을 산란케 하는 사치와 오락을 삼가야 합니다. 그리고 하느님만을 열정적으로 찾아야 합니다.

주 하느님, 주님께서 성모님께 주님의 계획을 분명하게 밝히셨을 때, 성모님께서는 자신의 계획을 버리셨으니, 저도 성모님을 본받아 주님께 집중하게 하소서.

12월 21일

> 주님은 우리 도움, 우리 방패.
> 우리 영혼이 주님을 기다리네.
> 그분 안에서 우리 마음 기뻐하고,
> 거룩하신 그 이름 우리가 신뢰하네.
>
> 시편 33,20-21

이스라엘 백성은 메시아를 보내시겠다는 하느님의 약속이 이루어지기를 기다렸습니다. 이스라엘의 딸이신 성모님도 이러한 희망을 지니고 계셨습니다.

그러나 무엇보다 성모님은 그 희망을 직접 받아들이셨습니다. 엘리사벳의 말대로, 그분은 하느님이 하신 말씀이 이루어지리라고 믿으셨지요(루카 1,45 참조). 그리하여 하느님은 성모님을 메시아의 어머니로 선택하시어 당신의 약속을 직접 성취하셨습니다!

주님, 주님의 백성에게 하신 약속을 신뢰하고 받아들일 수 있는 마음을 저에게 주소서.

12월 22일

> 아이 못 낳는 여인도 한집에 살며,
> 아들딸 낳고 기뻐하는 어미 되게 하시네.
>
> 시편 113,9

혼인한 남녀가 아이를 갖지 못한다는 것은 큰 고통입니다. 그러나 하느님이 사라, 한나, 엘리사벳을 통하여 이러한 상황을 반전시키셨다는 것은 잘 알려져 있지요.

그리고 하느님은 성모님도 남자의 개입 없이 성령의 은총으로 아이를 가질 수 있게 해 주셨습니다. 이렇게 하느님의 손에서 놀라운 기적들이 일어납니다.

전능하신 주 하느님, 주님께서는 모든 것이 가능하나이다. 모든 불임 부부를 자애로이 굽어보시어 그들이 간절히 바라는 기적을 일으켜 주시고, 그들이 주님 안에서 기쁨을 찾게 하소서.

12월 23일

> 주님, 당신의 길을 알려 주시고,
> 당신의 행로를 가르쳐 주소서.
> 저를 가르치시어 당신 진리로 이끄소서.
> 당신은 제 구원의 하느님,
> 날마다 당신께 바라나이다.
>
> 시편 25,4-5

 '길'과 '행로'라는 말은 하나의 여정을, 출발지와 목적지를 내포하고 있습니다. 그리고 우리는 모두 그 여정 안에서 하느님을 기원과 목적으로 모시고 있지요.

 하느님은 우리 여정의 위험에서 우리를 구원하고자 하십니다. 따라서 그분은 예수님과 교회를 통하여 우리를 가르치시고 인도하십니다.

하느님, 삶의 매순간마다 하느님의 이끄심에 의지하오니, 제가 날마다 바른 길을 찾도록 저를 이끌어 주소서.

12월 24일

그는 나를 부르리라.
"당신은 저의 아버지,
저의 하느님, 제 구원의 바위."
그와 맺은 내 계약 변함이 없으리라.

시편 89,27.29

주님은 하느님이시며 구원자이실 뿐만 아니라, 아버지로서 당신이 세우신 다윗 왕좌를 상속해 주시는 분입니다. 그리고 하느님은 예수님께 '다윗 왕좌'를 주시겠다고 약속하셨지요.

마침내 예수님은 하느님을 '아버지'라고 부르시며, 사람이 되신 하느님의 아드님으로서 우리에게 아버지를 완전히 계시해 주셨습니다.

하느님, 예수님께서 저희를 하느님 아버지와 아드님의 관계 안으로 부르셨으니, 저희가 성령의 힘으로 이 계약에 따라 충실히 살아가게 하소서.

12월 25일 주님 성탄 대축일

> 주님은 당신 구원을 알리셨네.
> 민족들의 눈앞에 당신 정의를 드러내셨네.
>
> 시편 98,2

요한 사도는 복음서에 이렇게 적었습니다. "하느님께서는 세상을 너무나 사랑하신 나머지 외아들을 내주시어, 그를 믿는 사람은 누구나 멸망하지 않고 영원한 생명을 얻게 하셨다."(요한 3,16)

하느님의 아드님의 강생은 하느님의 사랑을 보여 주며, 하느님을 온전히 신뢰할 수 있는 믿음을 우리에게 주었습니다. 이는 우리 구원의 핵심입니다.

하늘에 계신 아버지, 아드님이신 예수님을 보내 주심에 감사드리나이다. 저희에게 은총을 베푸시어, 저희가 아버지께서 내미신 손을 잡고, 예수님께서 날마다 저희를 어디로 인도하시든, 믿음으로 의지하게 하소서.

성 스테파노 첫 순교자 축일   12월 26일

> 당신 얼굴 이 종에게 비추시고,
> 당신 자애로 저를 구하소서.
>
> 시편 31,17

예수님 안에서 사람이 되신 하느님은 인간의 얼굴을 얻으셨습니다. 그분은 모든 사람 위에 완전한 사랑으로 빛나시지요. 그리하여 사람들의 얼굴도 천사 같은 사랑으로 빛나게 되었습니다. 주님은 원수들에게까지 사랑의 빛을 비추시지요.

하느님의 아드님이 사람이 되심으로서, 우리 인간은 하느님의 신성을 나누어 받게 되었습니다.

전능하신 하느님, 하느님께서는 스테파노 성인의 얼굴을 빛나는 천사의 모습으로 변모시키셨으니, 저도 성령의 은총으로 성자 예수님을 확신에 차서 증언하게 하소서.

12월 27일 — 성 요한 사도 복음사가 축일

> 의인에게는 빛이 내리고,
> 마음 바른 이에게는 기쁨이 쏟아진다.
>
> 시편 97,11

요한 사도는 하느님의 아드님과 말씀에 대하여 언급하며, 모든 사람을 비추는 참빛이 세상에 왔지만, 아직 모든 사람이 그 빛을 받아들이지는 못했다고 했습니다(요한 1,9-11 참조). 악을 자행한 사람들은 자기네 행실이 드러날까 봐 두려워하며 빛을 회피했지요.

살다 보면 의로운 행위를 하지 못할 때도 있습니다. 그러나 그러한 때에도 하느님은 빛을 내리시며, 마침내 믿음으로 우리를 구원해 주실 것입니다.

하느님, 제가 예수님께 더 가까이 다가갈 수 있도록 이끌어 주시고, 하느님의 빛이 어떠한 죄도 이겨 내게 해 주리라는 믿음을 저에게 주소서.

죄 없는 아기 순교자들 축일 — 12월 28일

> 우리 구원은 주님 이름에 있네.
> 하늘과 땅을 만드신 분이시네.
>
> 시편 124,8

 죄 없는 사람들이 고통받을 때, 신앙을 지닌 사람들은 하느님이 그들을 구원해 주시리라고 확신합니다. 모든 것을 무無에서 창조하신 하느님은 틀림없이 온갖 잘못을 바로잡으시고, 마침내 더욱 충만한 삶으로 우리를 이끄실 것입니다.

 어려움을 헤쳐 나갈 방법이 보이지 않을 때, 우리는 자신이 의지가 없는 무력한 사람이라고 생각할 수도 있습니다. 그러나 그렇게 생각해서는 안 됩니다. 창조주 하느님이 우리를 도와주시기 때문입니다.

주님, 제가 중대한 불의와 해악에 직면하더라도 결코 절망하지 않고, 주님께 부르짖게 하소서.

12월 29일

> 주님께 노래하여라, 그 이름 찬미하여라.
> 나날이 선포하여라, 그분의 구원을.
>
> 시편 96,2

예수님의 탄생을 에워싼 사건들은 하느님을 믿는 이들에게 찬양 노래를 부르게 합니다. 곧, 마리아의 노래, 즈카르야의 노래, 천사들의 대영광송, 시메온의 노래가 울려 퍼지지요.

시메온은 아기 예수님을 안고서 하느님의 구원을 보았다고 선포하며, 자신의 인생을 마무리했습니다(루카 2,25-32 참조). 마지막으로 모든 성인이 그리스도를 통하여 이루신 하느님의 구원을 보고 찬양 노래를 부를 것입니다.

전능하신 주 하느님, 이 세상에서 주님을 찬양하며 성실히 살다가, 마침내 하느님의 나라에서 주님을 영원히 찬양하게 하소서.

12월 30일

> 행복하여라, 주님을 경외하는 사람,
> 그분의 길을 걷는 모든 사람!
>
> 시편 128,1

주님을 공경하고 주님의 말씀에 따라 사는 가정은 많은 복을 받을 것입니다. 이러한 복은 번영과 같은 자연적인 것일 수도 있고, 화합과 같은 영적인 것일 수도 있습니다.

한편, 그리스도인 가정은 어떠한 어려움이나 반대를 겪더라도 절망해서는 안 됩니다. 하느님이 성가정을 보호해 주셨듯이, 그리스도인 가정을 보호해 주실 것이기 때문입니다.

하느님, 저희 가족이 상실이나 슬픔을 겪을 때에도 언제나 하느님의 강복을 기다리게 하소서.

12월 31일

숲속의 나무들도 모두 환호하여라.
그분이 오신다. 주님 앞에서 환호하여라.
세상을 다스리러 그분이 오신다.
그분은 누리를 의롭게 다스리신다.

시편 96.12-13

이 시대의 마지막 날에, 주님이 오시어 온 세상을 심판하실 것입니다. 주님은 악인들과 의인들을, 이기적인 사람들과 사랑을 실천하는 사람들을 구분하시겠지요.

"내 아버지께 복을 받은 이들아, 와서, 세상 창조 때부터 너희를 위하여 준비된 나라를 차지하여라."(마태 25,34) 예수님께 이 말씀을 듣는 사람들은 한없는 기쁨을 누릴 것입니다.

전능하신 주 하느님, 시간이 흘러가도, 주님이 이 세상에 오실 그 날을 생각하며, 주님께 온전히 의지할 수 있도록 저를 이끌어 주소서.

파스카 성삼일

성목요일

바다를 갈라 건너가게 하셨네.

시편 78,13

"파스카 축제가 시작되기 전, 예수님께서는 이 세상에서 아버지께로 건너가실 때가 온 것을 아셨다. 그분께서는 이 세상에서 사랑하신 당신의 사람들을 끝까지 사랑하셨다."(요한 13,1)

예수님이 당신의 사람들을 끝까지 사랑하셨듯이, 우리도 다른 사람들에게 사랑을 베푼다면, 우리는 일상생활에서 더욱더 충만하게 살아갈 수 있을 것입니다.

예수님, 손해를 볼까 봐 걱정하며 다른 사람을 사랑하기를 두려워하는 저에게 믿음과 용기를 주소서.

성금요일

제 목숨 당신 손에 맡기오니,
주님, 진실하신 하느님, 저를 구원하소서.
시편 31,6

예수님은 죽음을 맞이하실 때 당신을 하느님께 맡기셨습니다. 그분은 하느님이 당신을 다시 살려 주시리라는 확신에 찬 희망을 안고 계셨지요. 그리하여 하느님은 부활 주일에 예수님을 죽은 이들 가운데서 다시 일으켜 세우십니다.

부활하신 예수님이 하느님 아버지의 오른쪽에 계신 것을 본 스테파노 성인은, 확신에 차 예수님께 자기 자신을 맡기며, 돌에 맞아 순교했습니다(사도 7,55-59 참조).

하느님 아버지, 저희가 온갖 고통을 이겨 낼 수 있도록 아버지께서 도와주시리라는 확신에 찬 믿음을 갖게 하소서.

성토요일

**제 마음 기뻐하고 제 영혼 뛰노니,
제 육신도 편안히 쉬리이다.
당신은 제 영혼 저승에 버려두지 않으시리이다.**

시편 16,9-10

예수님은 무덤에 묻히시어, 부활하시는 날까지 저승에 머무셨습니다.

예수님은 당신이 십자가 위에서 버림받았다고 느끼실 때에도, 하느님이 당신을 저버리지 않을 것이라고 확신하셨습니다. 그리고 하느님은 그렇게 확신하셨던 예수님을 실망시키지 않으셨습니다.

하느님, 제가 죽음에 직면할 때, 하느님께서 저를 무덤에 버려두지 않으시리라는 확신으로 저를 가득 채워 주소서.

주님 부활 대축일   부활 주일

> 주님이 오른손을 들어 올리셨다!
> 주님의 오른손이 위업을 이루셨다!
> 나는 죽지 않으리라, 살아남으리라.
> 주님이 하신 일을 선포하리라.
>
> 시편 118,16-17

큰 병에 걸려 죽음에 직면했던 사람들 중에는 때때로 다시 삶을 얻어 더 활발하게 살아가는 이들이 있습니다. 그러나 예수님은 죽음에 직면하신 것이 아니라 실제로 돌아가셨고, 사흘 만에 영원한 삶으로 부활하셨습니다.

의사가 환자를 죽음의 위기에서 구해 낼 수는 있지만, 예수님의 부활은 오직 하느님만이 이루실 수 있는 일입니다. 베드로 사도는 다음과 같이 말했습니다. "하느님께서는 그분을 영도자와 구원자로 삼아 당신의 오른쪽에 들어 올리셨습니다."(사도 5,31)

하느님 아버지, 아버지께서 저를 영원한 삶으로 들어 올리시리라는 것을 믿게 하소서.

지은이 **앤서니 치카르디 몬시뇰** Msgr.C.Anthony Ziccardi

이탈리아에서 태어나 미국 뉴저지에서 자랐다. 미국 시튼 홀 대학교를 최고 성적으로 졸업하고 사회학 학사와 신학 석사 학위를 받았으며, 1990년에 사제품을 받았다. 그 뒤 그는 로마의 교황청립 성서 대학에서 교수 자격을 얻었고, 교황청립 그레고리오 대학교에서 성서 신학 박사 학위를 받았다. 그는 미국 뉴어크 대주교의 비서로 일했고, 뉴어크 성심 주교좌 대성당의 담임 사제(서리)로 봉직했다.

현재 그는 미국 시튼 홀 대학교 부총장이자 운영 이사회 사무총장이며, 시튼 홀 대학교 신학 대학 성서학 부교수다. 또한 뉴어크 대교구 서적 검열관으로 일하고 있으며, 뉴저지 주 리지필드 파크의 세인트 프랜시스 본당 사목구와 페에론의 세인트 앤 본당 사목구에서 사목도 일부 맡고 있다. 그리고 '원죄 없이 잉태되신 성모 신학교'에서 많은 신학생들의 영성 지도를 하고 있다. 베네딕토 16세 교황은 2009년 3월에 그를 교황 전속 사제로 임명했다.

옮긴이 **강대인**

한국 천주교 주교회의 성서위원회와 전례위원회의 위원으로 일하며, 《가톨릭 교회 교리서》, 《제2차 바티칸 공의회 문헌》 등 여러 교회 문서 번역에 참여했다. 또한 가톨릭출판사에서 나온 《가시 속의 장미》, 《기쁨이 가득한 매일 성모님 묵상》 등의 도서를 번역했다.